中国建投 | 远见成就未来

中国建投研究丛书·案例系列
JIC Institute of Investment Research Books · Case

融智融资
中国投资咨询案例（第三辑）

Intellectual Capital and Financing
Case Study of
China Investment Consulting (No.3)

中国投资咨询有限责任公司 / 主编

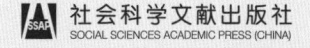

社会科学文献出版社
SOCIAL SCIENCES ACADEMIC PRESS (CHINA)

总　序

　　一千多年前，维京海盗抢掠的足迹遍及整个欧洲。南临红海，西到北美，东至巴格达，所到之处无不让人闻风丧胆，所经之地无不血流成河。这个在欧洲大陆肆虐整整三个世纪的悍匪民族却在公元1100年偃旗息鼓，过起了恬然安定的和平生活。个中缘由一直在为后人猜测、追寻，对历史的敬畏与求索从未间歇。2007年，在北约克郡哈罗盖特（曾属维京人居住领域）的山谷中出土了大量来自欧洲各国的货币，各种货币发行时间相差半年，"维京之谜"似因这一考古圈的重大发现而略窥一斑——他们的财富经营方式改变了，由掠夺走向交换；他们懂得了市场，学会了贸易，学会了资金的融通与衍生——而资金的融通与衍生改变了一个民族的文明。

　　投资，并非现代社会的产物；借贷早在公元前1200年～公元前500年的古代奴隶社会帝国的建立时期便已出现。从十字军东征到维京海盗"从良"，从宋代的交子到犹太人的高利贷，从郁金香泡沫带给荷兰的警示到南海泡沫树立英国政府的诚信丰碑，历史撰写着金融发展的巨篇。随着现代科学的进步，资金的融通与衍生逐渐成为一国发展乃至世界发展的重要线索。这些事件背后的规律与启示、经验与教训值得孜孜探究与不辍研习，为个人、企业乃至国家的发展提供历久弥新的助力。

　　所幸更有一批乐于思考、心怀热忱的求知之士勤力于经济、金融、投资、管理等领域的研究。于经典理论，心怀敬畏，不惧求索；于实践探索，尊重规律，图求创新。此思索不停的精神、实践不息的勇气当为勉励，实践与思索的成果更应为有识之士批判借鉴、互勉共享。

　　调与金石谐，思逐风云上。"中国建投研究丛书"是中国建银投资有限责任公司组织内外部专家在回顾历史与展望未来的进程中，深入地体察和研究市场发展及经济、金融之本性、趋向和后果，结合自己的职业活动，精制而成。本丛书企望提供对现代经济管理与金融投资多角度的认知、借鉴与参考。如果能够引起读者的兴趣，进而收获思想的启迪，即是编者的荣幸。

是为序。

张睦伦

2012 年 8 月

编辑说明

中国建银投资有限责任公司（以下简称"中国建投"）是一家综合性投资集团，投资覆盖金融服务、工业制造、文化消费、信息技术等行业领域，横跨多层次资本市场及境内外区域。中国建投下设的投资研究院（以下简称"建投研究院"）重点围绕国内外宏观经济发展趋势、新兴产业投资领域，组织开展理论与应用研究，促进学术交流，培养专业人才，提供优秀的研究成果，为投资研究和经济社会发展贡献才智。

"中国建投研究丛书"（以下简称"丛书"）收录建投研究院组织的内外部专家的重要研究成果，根据系列化、规范化和品牌化运营的原则，按照研究成果的方向、定位、内容和形式等将丛书分为报告系列、论文系列、专著系列和案例系列。报告系列为行业年度综合性出版物，汇集集团各层次的研究团队对相关行业和领域发展态势的分析与预测，对外发表年度观点。论文系列为建投研究院组织业界知名专家围绕市场备受关注的热点或主题展开深度探讨，强调前沿性、专业性和理论性。专著系列为内外部专家针对某些细分行业或领域进行体系化的深度研究，强调系统性、思想性和市场深度。案例系列为建投研究院对国内外投资领域案例的分析、总结和提炼，强调创新性和实用性。希望丛书的编写和出版，能为政府相关部门、企业、研究机构以及社会各界读者提供参考。

本研究丛书仅代表作者本人或研究团队的独立观点，不代表中国建投的商业立场。文中不妥及错漏之处，欢迎广大读者批评指正。

目 录

第一部分 基建投融资咨询项目案例

案例一 某市东片污水处理厂 PPP 项目 …………………………… /003

案例二 某市区网格化图像信息系统三期建设 PPP 项目 ………… /019

案例三 河北省某市某区集中供热 PPP 项目投资绩效评价项目 …… /033

案例四 滁州至南京城际铁路（滁州段）一期工程 PPP 项目 …… /049

案例五 天台小学飞鹤山校区及飞鹤幼儿园新建 PPP 项目 ………… /061

案例六 贵州施秉县城和乡镇污水（含管网）一体化 PPP 项目 …… /075

案例七 乌鲁木齐市河东污水处理厂及再生水项目改扩建工程
PPP 项目 ………………………………………………………… /087

案例八 昆明市呈贡区文体活动中心 PPP 项目 …………………… /097

案例九 上海某区再生资源化利用中心 PPP 项目 ………………… /109

案例十 辽宁省某市智慧路灯升级改造能源托管服务项目 ………… /119

第二部分　战略与管理咨询项目案例

案例一　某市全面预算绩效服务项目 ………………………………… / 133

案例二　某市国资整合重组项目 ……………………………………… / 149

案例三　某市国资重组和债务风险化解推动投融资能力
　　　　提升项目 ……………………………………………………… / 161

案例四　某地幼儿园"民转公"定制化咨询服务项目 ……………… / 171

案例五　浙江省某市交通集团"十四五"规划项目 ………………… / 183

案例六　浙江省某市新区投融资规划项目 …………………………… / 197

第三部分　产业基金投资项目案例

案例一　宸芯科技股权投资基金案例 ………………………………… / 211

案例二　南京市栖霞区餐厨垃圾处置厂项目投资案例 ……………… / 221

第一部分
基建投融资咨询
项目案例

案例一
某市东片污水处理厂 PPP 项目

周 伟 杨 蕾

摘　要：

某市东片污水处理厂PPP项目为某省某市第一个落地的政府采购PPP项目，总投资75404.17万元。中国投资咨询有限责任公司为该项目提供了全流程PPP咨询服务，在推进过程中紧紧抓住政府方亟待以最低的成本寻求提供最优质污水处理服务的社会资本的核心需求，通过设计三重社会资本管理方式、创新采用两阶段采购方式、设置多维项目采购标的等途径，最终协助某市水务事业办公室与上海实业环境控股有限公司成功达成合作，实现本项目的顺利落地。本项目的成功运作对于实现某市污水厂污水排放标准提高、城镇污水处理功能区扩大，进一步深化该省环保类基础设施项目建设具有重要意义。

一 案例背景

（一）项目基本信息

项目时间：2016年10月至2017年5月

项目发生地：某省某市

项目总投资：75404.17万元

项目基本情况：某市东片污水处理厂PPP项目是对某市东片污水处理厂存量产权转让、提标改造（含废气收集治理）及项目扩建的项目。政府方招募投融资能力强，具有运营维护、提标改造、扩建本存量项目能力的社会资本方，由其收购某市独山污水处理有限公司的全部股权。被转让的某市独山污水处理有限公司作为项目公司负责某市东片污水处理厂的设计、提标改造、扩建及运营维护工作。某市东片污水处理厂位于某市独山港经济开发区，于2009年1月通过试运营验收并正式投产，于2016年2月3日完成竣工验收。某市东片污水处理厂服务于某市东片区域，主要处理城镇污水和工业废水。

项目主要经济技术指标：东片污水处理厂为某省"811"重点市政污水处理工程之一，一期存量工程日处理废水5万吨，其中城镇污水处理能力2.5万吨/日（市政线），荣成纸业工业废水处理能力2.5万吨/日（荣成线）。项目采用PPP模式运作前，污水厂采用A2/O生物处理工艺，荣成线已进行提标改造，尾水排放达到城镇污水处理厂污染物排放一级A标准，市政线尚未进行提标改造，混合尾水达到一级A标准进入杭州湾。

（二）项目背景及重要性

随着我国城市化、工业化进程的加速，全国废水的排放量也逐年增加，导致自然水体不断恶化，水资源污染形势仍十分严峻。水体污染、水资源短缺已经成为我国经济社会实现可持续发展的严重制约因素。近几年，国家对环保行业的重视程度日益提高，支持力度不断加大，污水处理行业也得到了快速发展。

2014年11月发布的《国务院关于创新重点领域投融资机制鼓励社会投资的指导意见》（国发〔2014〕60号）提出："要在公共服务、资源环境、生态建设、基础设施等重点领域进一步创新投融资机制，充分发挥社会资本特别是民间资本的积极作用，推进市政基础设施投资运营市场化，推广政府和社会资本合作（PPP）模式。"为了增加市政公用产品和服务的有效供给，财政部和住房城乡建设部发布《关于市政公用领域开展政府和社会资本合作项目推介工作的通知》（财建〔2015〕29号），提出"在城市供水、污水处理、垃圾处理、供热、供气、道路桥梁、公共交通基础设施、公共停车场、地下综合管廊等市政公用领域开展政府和社会资本合作"。为进一步规范污水、垃圾处理行业市场运行，财政部、住房城乡建设部、农业部、环境保护部联合发布《关于政府参与的污水、垃圾处理项目全面实施PPP模式的通知》（财建〔2017〕455号），要求"符合全面实施PPP模式条件的各类污水、垃圾处理项目，政府参与的途径限于PPP模式"。为了贯彻党中央、国务院政策精神，同时结合某市实际情况，某市人民政府拟采用PPP模式实施本项目，中国投资咨询有限责任公司（以下简称"中国投资咨询"）作为项目全流程PPP咨询机构，成功协助某市引入上海实业环境控股有限公司，历时7个月实现项目的顺利落地。

某市东片污水处理厂PPP项目作为某省某市第一个成交的政府采购

PPP 项目，对于提高污水厂污水排放标准、扩大城镇污水处理功能区，进一步深化该省环保类基础设施项目建设具有重要意义。

二 案例事件及过程

（一）项目识别和准备阶段

1. 物有所值评价和财政承受能力论证

中国投资咨询项目小组运用物有所值（VFM）评价体系，从某市东片污水处理厂 PPP 项目全生命周期角度，主要采用定性分析模式分别对政府与社会资本合作的 PPP 模式和政府传统主导模式下的全生命周期整合程度评估、风险识别与分配评估、绩效导向与鼓励创新评估、潜在竞争程度评估、政府机构能力评估、可融资性评估及补充评估（项目规模、行业示范性、全生命周期成本估算准确性）等七大类指标进行对比分析和评价，进而判断采用 PPP 模式能否提高项目的服务质量和运营效率，或者降低项目成本，实现公共资源配置利用效率最优化。采用定量模式分析比较 PPP 项目全生命周期内政府方净成本的现值（PPP 值）与公共部门比较值（PSC 值），判断 PPP 模式能否降低项目全生命周期成本。

经过市财政局和本项目行业主管部门的审查，本项目的物有所值评价和财政承受能力论证的结论均为"通过"。

2. 实施方案

某市东片污水处理厂 PPP 项目是对某市东片污水处理厂存量产权转让、提标改造及项目扩建的项目。政府方希望通过招募投融资能力强，具有运营维护、提标改造、扩建本存量项目能力的社会资本方，由其收购某市独山污水处理有限公司的全部股权,并由被转让的某市独山污水处理有限公司作为项目公司负责某市东片污水处理厂的设计、提标改造、扩建及运营维护工作。在此背景下,项目团队与项目实施机构、某市财政局进行了多轮深度讨论,明确政府方对项目的具体需求,在实施方案设计中重点关注以下两个方面。

(1)运作方式的选择

某市东片污水处理厂PPP项目涉及存量资产的转移问题,因此在运作方式选择上具有两种选择:委托运营(O&M)方案项目结构、改建—运营—移交模式(ROT)方案项目结构。ROT模式又可引申出全部股权转让(政府方不参股项目公司)和部分股权转让两种方案。因此,项目团队针对三种运作方案进行对比分析,协助政府方进行决策。

委托运营是指政府将存量公共资产的运营维护职责委托给社会资本或项目公司,社会资本或项目公司不负责用户服务的政府和社会资本合作项目运作方式。政府保留资产所有权,只向社会资本或项目公司支付委托运营费。

改建—运营—移交模式是指政府在TOT模式的基础上,增加改扩建内容的项目运作方式。在ROT模式下,具有两种具体执行方案:全部股权转让(政府方不参股项目公司),即中标社会资本收购项目公司全部股权,全权负责本项目提标改造、扩建及运营维护工作,政府方负责对项目公司提供的污水处理服务进行绩效考核,并根据考核结果支付污水处理服务费,不直接参与项目公司经营及投资;部分股权转让(政府方持有项目公司30%股权),即政府方参股项目公司,通过参股项目公司在公司经营方针、投资计划及项目公司重大事项上具有投票权。

项目团队从定量、定性两个角度对三个运作方案进行了分析。

定量方面,主要通过财务分析来对比三个方案的优劣。为使得三个方案具有可比性,项目团队对项目公司股权比例、提标改造及扩建负责主体、污水处理厂运营负责主体、存量公司债务清偿责任负责主体、债务资金构成与负责主体、贷款利率及期限、项目公司年收入、股东分红、运营成本、政府支出折现率等10个因素进行了合理对照假设，在以上假设的基础上，站在政府方的角度，从支出种类、支出总金额、政府支出现值三个维度进行测算，对比政府方在三个运作方案下的支出责任情况。最终在定量分析方面，推荐采用改建—运营—移交模式下全部股权转让这一运作方案。

定性方面，项目团队综合分析对比三个方案在建设期风险责任方、项目公司运营风险责任方、政府方总体风险承担责任、政府方与社会资本方之间的权利义务关系、资产权属、设备大修及资产更新、政府方付费责任、政府方付费时间、国有企业相关法律法规控制对项目公司运作的影响、股东分红10个方面的优劣情况。委托运营模式下，政府方对项目建设有完全的指导权，并拥有全部项目资产，对社会资本方控制程度较高，且政府方支出总金额最少，但同时，政府方承担存量债务清偿责任，并需在短期内筹措高额的资金进行提标改造及城镇污水处理功能区扩建工作，承担相应全部建设风险，并负责设备大修及资产更新等，政府方承担了较高的项目风险；ROT（全部股权转让）模式下，政府方将全部建设及运营工作交给项目公司，由其全权负责本项目建设、运营工作，政府方主要负责监督、绩效考核及付费，政府方支出总金额最高，在协议期内不拥有项目资产，对项目资产没有绝对的控制权。但政府方与社会资本方权责清晰，政府方不需为本项目筹措建设资金，所需政府付费相对较晚，且相对均匀地分布于整个协议期，另外，项目风险在双方间合理分配，项目大部分建设风险及运营风险有效地转移给了更有经验的社会资本方，政府方仅承担不可转移给社会资本方的风险，包括法律法规风险、部分不可抗力风险等；ROT（部分股权转让）模式下，政府方通过参股项目公司获得一定的项目公司经营活动参与权，对社会资本方有着较强的控制，政府方支付总金额适中，但同时，政府方作为项目公司股东，应按股权比例承担债务清偿责任、融资贷款责任、建设运营风险等。另外，从政府付费方面，政府方参与分红源于政府付费，并需缴纳高额所得税，这实际上增加了政府付费负担。最终在定性分析方面，推荐采用改建—运营—移交模式下全部股权转让这一运作方案。

综合以上分析，为明晰政府方与社会资本方的权利义务，更好地实现转变政府职能、合理分配双方风险等PPP精神，在定性、定量两方面均推荐采用改建—运营—移交模式下全部股权转让这一运作方案。

（2）政府方对项目持续监督的实现方式

为满足政府方择优选择社会资本并能对其实现有效管理的诉求，项目团队在实施方案设计时，针对社会资本管理方面进行了三方面的考虑与条款设置。

一是通过两阶段采购设置合理的筛选条件及评标办法，按照政府方意愿择优选择社会资本方。本项目采购分为资格预审和公开招标两个阶段，资格预审充分考量投资人综合实力，放弃"合格制"而采用"综合评分制"，从净资产、项目业绩、履约评价三个方面综合评审潜在社会资本，第一个关头就控制好潜在社会资本的质量，避免"劣币驱逐良币"现象，公开招标采用综合评分法，从设计、建设、运营和移交方案，以及财务方案、法律方案、价格评分四个方面综合评审通过资格预审单位的综合实力，优中选优。

二是通过向项目公司派驻公益董事或监督员参与项目公司运营管理，监督PPP项目协议执行情况，如发现董事会决策与PPP项目协议相违背或危及公共利益，公益董事具有一票否决权。本项目通过派驻公益董事或监督员进入项目公司，参与项目公司运营管理与监督，可充分发挥政府方监管职责，除对涉及公共利益或社会公共安全的重大决策及经营活动可以一票否决以外，还可以对项目公司运营情况进行实时监督并进行有效管理。

三是通过 PPP 项目协议约束社会资本方行为。一方面，从污水处理、项目公司管理运营、投融资及建设和其他一般缺失等四个方面对社会资本方和项目公司的行为进行约束，对违约情况，根据违约程度按照警告、罚款、临时接管和收回特许经营权等四个维度进行惩处；另一方面，建立履约保函体系，由社会资本方提交建设期履约保函、运营期履约保函和终止后维修保证金，在触发保函提取条件的情况下，政府方有权按照 PPP 项目协议的约定提取相应保函，为项目公司全生命周期履约提供保障。

通过以上三个方面措施，基本上可以达到对社会资本方的择优选择和对项目公司有效管控的目的。

（二）项目采购阶段

在采购组织与实施过程中，严格遵照 PPP 项目采购相关管理办法，规范采购程序，把控采购过程，创新采购方法，顺利推进项目采购的实施。

1. 设置多维项目采购标的

项目采购的价格标的通常是控制政府财政支出的决定因素，项目团队为本项目采购设计了"3P + 污水处理服务费总价现值 + 资金回报率"的价格标的，以全方位、多维度控制政府财政支出。"3P"是三种污水处理服务费单价，针对项目三个阶段设计三种污水处理服务费价格，根据社会资本不同阶段提供的污水处理服务支付不同的服务费，细化政府付费，达到严格控制政府付费类别的目的。"污水处理服务费总价现值"是整个合作期内预期污水处理服务费总价的现值，结合对未来污水处理成本构成变动预期，对政府付费总额进行总量控制。"资金回报率"是用于计算三期扩建投资、后续 2 万吨/日预处理设施投资、提前回购，以及政策调整导致的项目设备增加而产生投资的成本回收及合理回报的收益率，对政府付费总额进行了双重控制。多维度采购价格标的从污水处理服务费单价、总价、收益率、未来预期等多个方面有效实现了对政府财政支出的控制，并在很大程度上降低了社会资本恶意竞价、不均衡报价的潜在风险。

2. 资格预审充分考量投资人综合实力

由于本项目内容复杂、体量较大，市场上污水处理行业企业众多，参差不齐，为择优选择综合实力强的企业，资格预审放弃"合格制"，而采用"综合评分制"，对投资人的资金实力与资质和业绩能力进行了综合考量，选取不超过10家社会资本进入公开招标阶段。资格预审不仅要求社会资本具备相当的资金实力，还要求其具备履行本项目政府采购合同所必需的专业技术和建设管理能力，在境内具有投资并自主运营污水处理厂的项目经验，且在境内正在运营的污水处理厂项目合计日处理规模在10万立方米以上。从净资产、项目业绩、履约评价三个方面综合评审潜在社会资本的综合实力，避免"劣币驱逐良币"现象，最终，10家国内顶级的水务公司通过资格预审，为实现合理、充分竞争奠定了基础。

3. 综合评分标准择优选择社会资本

本项目的公开招标环节采用综合评分法，充分考虑本项目特点，对分值进行合理分配：满分为100分，设计、建设、运营和移交方案30分，财务方案7分，法律方案3分，价格评分60分。

第一，考虑到本项目可用地面积有限，对已有污水处理厂和新建污水处理厂的合理布局、规划设计要求较高，针对污水处理厂设计方案，从设计方案的完整性及设计深度、污水处理厂工艺设计、平面布局、配套专业设计、主要设备、工程概算等多个方面进行综合评审，选择能够充分满足实施机构对污水处理服务要求的同时，还能创新设计方案，降本增效的社会资本。

第二，建设方案方面，对项目建设管理的组织形式、人员配置，施工、监理、设备采购和安装等单位的选择方法及要求，项目建设的总体计划，以及项目建设中的安全、质量、进度、环保、调试运行、验收的管理方案设计评分项，择优选择具备相关建设资质、配备相关经验丰富人员、设计高效优质建设方案的企业。

第三，运营维护方案方面，要求社会资本提供项目运营维护管理方案、大修和重置方案和运营维护承诺，寻找能够提供全面、先进、经济、可行的污水处理厂运营维护服务的社会资本。

第四，财务方案方面，设计投资方案、保险方案、投资人报价财务分析三个维度的评审标准，通过对项目投资中实缴注册资本比例，建设和运营期内的保险方案合理性，建设期总投资估算合理性，财务计算过程的准确性、可复核，引用数据可靠性，运营成本估算基础数据及日常运营维护费用成本构成合理性，以及大修及重置的投资计划的综合评判，选择能够把效率、质量、成本、风险控制多个方面更好结合的社会资本。

作为本项目采购的核心内容，价格评分采用"3P + 污水处理服务费总价现值 + 资金回报率"的三维评价方式，从政府付费的单价、总价、收益率、未来预期等多个方面全面控制限价，厘清政府付费各项支出内容，有效降低不均衡报价、恶意低价的潜在风险。

三 案例结果

中国投资咨询作为某市东片污水处理厂PPP项目咨询机构，全程为客户提供专业服务和咨询方案，协助政府方为某市东片污水处理厂PPP项目设计合理的运作方式、风险分配框架、项目边界条件、权利义务边界、交易条件边界、履约保障边界、调整衔接边界，搭建有针对性地回报机制、投融资结构，选择合适的采购方式，夯实了政府和社会资本双方的合作基础。某市东片污水处理厂PPP项目的有序实施和成功落地不仅有效帮助当地政府解决了原污水处理厂处理费价格争议、经营效率低下、运营成本高昂等问题，有效实现某市污水厂污水排放标准提高、城镇污水处理功能区扩大，更是为进一步深化某省环保类基础设施项目建设，积极发挥市场机制作用做出了重要贡献。

（一）创新采购方式，确保项目成功签约

某市东片污水处理厂PPP项目为存量改扩建项目，不同于一般的新建污水处理厂项目，其涉及的问题更多也更为严峻，在原污水处理厂运作效率低下、缺乏市场化的调价机制、运营成本高昂、社会经济效益较差的背景下，如何寻找到要价成本低、服务质量好的社会资本是政府方面临的最大痛点。污水处理项目采用PPP模式运作具有丰富而成熟的市场经验，潜在社会资本众多，而从众多的社会资本中遴选出满足政府方诉求，并且适合本项目的社会资本是本项目能够成功落地的核心因素。

项目团队在实施方案编制和采购文件设计中，紧紧抓牢政府方诉求，充分利用以往累积的丰富的污水处理行业PPP项目咨询服务经验，结合项目实际情况量体裁衣，对采购方式进行了大胆创新，一是资格预审放弃"合格制"而采用"综合评分制"，在资格预审阶段就控制好潜在社会资本的质量，避免"劣币驱逐良币"现象；二是公开招标创新地设计了"3P+污水处理服务费总价现值+资金回报率"的多维采购标的，厘清政府付费各项支出内容，有效降低不均衡报价、恶意低价的潜在风险。同时，严格控制采购程序，确保采购过程依法合规，最终于2017年6月19日，某市水务事业办公室和上海实业环境控股有限公司草签了特许经营协议、污水处理服务协议，某市国有资产管理局、某市水务投资（集团）有限公司和上海实业环境控股有限公司签署了股权转让协议，标志着本项目顺利落地。

（二）优化合作机制，降低财政支出压力

某市东片污水处理厂项目采用 PPP 模式运作，从多个方面有效降低了财政支出压力。一是在方案设计阶段，通过定量与定性相结合的方式对比分析了委托运营、ROT 全部股权转让、ROT 部分股权转让三种模式，择优选择了 ROT 全部股权转让模式。相较于委托运营模式，ROT 全部股权转让模式将原本建设期需要承担的财政支出延后到运营期，平滑财政支出；相较 ROT 部分股权转让模式则从现值的角度有效减少了财政支出责任，总体实现优化财政支出的目的。二是在资格预审阶段，用"综合评分制"代替以往污水处理 PPP 项目常用的"合格制"，首先从净资产、项目业绩、履约评价三个方面将社会资本范围缩小在综合实力较强的小圈子中，并通过 10 家社会资本保留足够的竞争性，有利于在后续采购阶段倒逼各大顶级的水务公司降低要价，进一步实现财政支出责任的总体减少。三是在公开招标环节，通过"3P＋污水处理服务费总价现值＋资金回报率"的多维采购标的设计，从政府付费的单价、总价、收益率、未来预期等多个方面进行综合评审，一方面能够有效实现全面控制限价，另一方面厘清政府付费各项支出内容，降低不均衡报价、恶意低价的潜在风险，对于后续长达 30 年经营期中的政府财政支出责任起到源头控制的作用。四是在双方签订的污水处理服务协议中，设计了合理的调价机制，除了常规的物价调整机制外，创新地设计了"成本回归"调价机制，将未来实际运营成本控制在合理、符合实际的范围之内，进一步实现了财政支出责任的优化和减少。

四 案例评述

（一）充分挖掘客户核心需求，夯实前期准备工作

客户的核心需求是项目顺利实施的重要前提保障，项目团队通过与实施机构的深入沟通，对其需求进行了识别和明确：一是充分改善原有污水处理厂运作效率低下、缺少相关的技术和专业人员、缺乏相应的生产管理运行经验的不良状况，为某市污水处理提供优质、高效的运营管理服务；二是在保障项目顺利建设和运营的基础上，减轻某市水务投资集团融资负担、减少项目亏损、严格控制财政支出、降低当地财政支出压力；三是切实转换政府职能，从目前的污水处理服务提供者变成一个监管者，避免政府既是运动员又是裁判员的尴尬局面。

（二）高标准、严要求，严格控制采购过程

为加强采购的规范性，以更高的标准和更严格的要求把控采购过程，本项目资格预审和公开招标两阶段采购均在某市公共资源交易中心进行，并聘请公证人员，全程监督采购过程，确保整个采购流程公平、公正，规范操作，符合相关采购政策、文件要求，打消社会资本"暗箱操作"疑虑，增强项目吸引力和影响力。

（三） 创新采购方法，遴选优质社会资本

污水处理行业采用PPP模式运作在全国已有丰富的经验，但对于本项目实施机构来说，最大的担忧就是能否以最低的成本选择提供最优质污水处理服务的社会资本。在资格预审环节已对潜在社会资本进行了首次筛选，公开招标阶段，综合评分法又进一步对社会资本的综合实力进行了控制。然而这两种控制都隐含了一类风险，即不均衡报价的风险。为降低这一风险，项目团队创新地设计了"3P+污水处理服务费总价现值+资金回报率"的多维评价方式，从政府付费的单价、总价、收益率、未来预期等多个方面全面控制限价，厘清政府付费各项支出内容，有效降低不均衡报价、恶意低价的潜在风险。

具体来说，由于污水处理服务费单价囊括动力费、药剂费、污泥处置费、工资福利费等多个类别，且实施方案设计了调价机制以根据各类别价格变动在政府和社会资本之间合理分配风险，社会资本在报价中可能故意抬高那些未来涨价概率高、涨价幅度大的因素价格，而降低其他因素价格，在与合理报价总价相近的情况下，达到增加远期污水处理服务费的目的，造成政府方的损失。为了避免这一风险，经过精心测算、深入研究，项目团队在价格评分设计中，创新地设计了多维评价方法，即对污水处理服务费单价、污水处理服务费总价现值、资金回报率均进行评分，均衡各因素对预期政府付费的影响，选择报价有利于政府方且公平合理的企业。

（四） 实现良好的经济效益、社会效益和政府效益

1. 经济效益

在政府方与中标社会资本正式签署PPP项目协议后，社会资本将全权

负责本项目的投融资、设计、提标改造、扩建及运营等全部工作。政府方已为原有污水处理厂投入大量资金、人力成本，但由于不具备专业运营能力，项目持续亏损，无法承担迫在眉睫的高额提标改造费用。通过两阶段采购的严格筛选，选择了投融资实力强、污水处理运营服务经验丰富的社会资本，大幅度提高运营效率及服务质量，另一方面，政府方以每年一定的政府付费取代一次性的建设投资及长期的运营负担，有效地缓解当期财政支出压力，降低项目全生命周期的成本。

2. 社会效益

项目提标改造、运营后，将整合贯通整个东片的污水处理厂，污水处理规模扩大到 20 万吨/日以上，并达到《城镇污水处理厂污染物排放标准》（GB 18918-2002）中的一级 A 标准以及《石油化学工业污染物排放标准》（GB 31571-2015）的有关要求。这将在很大程度上提高某市的污水处理能力，满足不断增长的污水处理需求，对于提升某市污水治理大局的社会效益、生态效益，优化某市整体环境具有重要意义。

3. 示范意义

本项目是某市第一个成功落地签约的 PPP 项目，在某市 PPP 发展历程中具有里程碑意义，为后续所有 PPP 项目的推动打下良好基础。本项目的落地实施，使得某市政府拓宽了城镇化建设融资渠道，形成多元化、可持续的资金投入机制，整合社会资源、盘活社会存量资本，促进经济结构调整和转型升级，从而有效地减轻了目前所面临的财政压力。

案例二
某市区网格化图像信息系统三期建设 PPP 项目

李建辉　宋文博

摘　要：

某市区在推进网格化图像信息系统建设过程中，存在摄像机在线率不稳定、运营维护不及时和技术升级速度滞后等问题，对该区城市应急管理和治安防范带来较大压力。为提升网格化图像信息系统运维稳定性和安全性，结合政府与社会资本（PPP）模式"重运营"的核心原则，该区政府决定实施区网格化图像信息系统三期建设PPP项目，同时聘请中国投资咨询有限责任公司（以下简称"中国投资咨询"）作为第三方咨询机构，负责该项目实施方案设计、合同编制等工作内容。中国投资咨询充分考虑政策规范要求和当地政府需求，创新项目设计解决实际问题，为该项目的顺利实施提供了有力保障。

一 案例背景

某区网格化图像信息系统（科技创安工程）在城市管理、应急管理、网格化社会服务管理、治安防范、警卫安保等领域发挥了巨大作用，已成为城管监督、应急指挥、综合治理、公安、城管和各街镇等部门的日常管理手段之一。

某区网格化图像信息系统建设项目于2006年启动。2006~2009年，围绕当地举办重大活动的安保需求，在全区范围内建设安装模拟摄像机2212台，全部实现联网共享，全区科技创安建设初具规模。2010年实施"中小幼技防"建设，补充建设模拟摄像机491台，有效弥补了安防监控在教育领域的不足。2012年实施党的十八大安保专项视频建设，补充建设数字高清摄像机450台，进一步提高了全区安防监控覆盖率。截至2021年，网格化图像信息系统平台在网摄像机点位总量超过9000路，其中公共区域建设摄像机5600余路，接入整合社区图像监控摄像机资源近3500路。为了更好地建设和维护规模如此庞大的设施，服务好城市管理和治安防控工作，拟开展"网格化图像信息系统三期工程"（以下简称"本项目"）。

二 案例事件及过程

（一）项目实施目标

区城市服务管理指挥中心（以下简称"区指挥中心"）作为该区负责

城市管理与突发事件指挥协调及监督评价工作的行政机构，计划通过开展本项目建设5200余路高清探头，同步进行区、街、道三级平台扩容及区微卡口平台扩容，进一步保证图像信息系统建设连贯性，为全区城市管理和治安防控提供保障。同时，在项目设计阶段充分做好统筹规划工作，落实创新项目运营维护实施理念，形成设备更新及技术迭代机制，改善网格化图像信息系统操作和处理技术，并通过创新孵化、对外合作和新技术试点应用等手段，使本项目达到全市乃至全国一流水平并维持项目技术的先进性。

（二）基本情况

本项目总投资金额为42137.37万元，合作期为10年（2年建设期+8年运营期）。主要建设内容具体包含：在区范围内新建5200余台高清网络摄像机点位，包括监控设备采购、安装调试以及立杆、供电及通信接入等配套工程建设，并对区各街镇三级平台视频接入、管理和存储等设备进行扩容，从而实现所有新增建设点位视频图像信息全部上传至区指挥中心，以及所有新增微卡口点位图片及结构化数据信息全部上传至区指挥中心。

本项目采用"建设—运营—移交（BOT）"操作模式，具体为：区政府授权区指挥中心作为本项目采购主体，通过合规方式选择社会资本，由中选社会资本全资设立项目公司；区指挥中心经区政府授权，与项目公司签订PPP项目政府采购合同（以下简称"PPP合同"），PPP合同约定项目公司作为本项目法人单位，完成项目前期工作及相关报批手续，筹集资金完成本项目建设工作；项目建设完成后，项目公司负责项目运营期内的运营管理等工作，并在合作期满后将项目资产和运营维护权无偿移交至政府指定机构（见图1）。

图1 项目 PPP 模式图

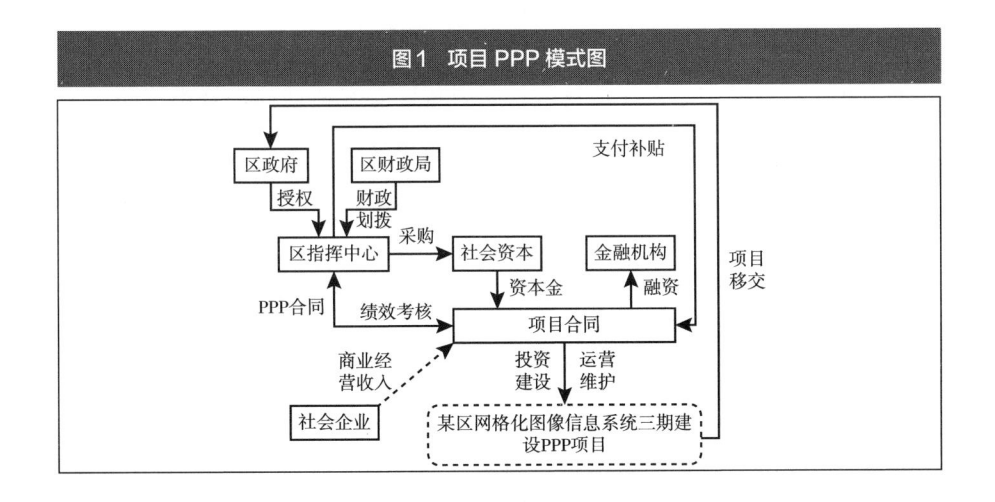

在本项目运营期内,区财政局根据项目公司商业经营收入情况将运维服务费按约定计划向项目公司支付,项目公司借此回收建设投资、运营维护成本并获得投资回报;同时,项目公司根据 PPP 合同约定,提供符合既定标准的运营维护服务,区指挥中心对项目公司运营维护服务情况进行考核,并依据考核结果调整运营维护服务费付费金额。

(三) 项目方案创新设计解决行业难题

为提升项目运营维护质量和效率,同时结合"智慧城市"领域特点,本项目在方案设计和机制设置等方面进行了创新,体现在以下几方面。

1. 设立专项基金解决运营期内或有支出难题

智慧城市类 PPP 项目具有合作周期长、设备更新频率高和技术迭代速度较快等特点。对此,同类 PPP 项目通常通过计提高额的"大修费"或者在项目运营期间某一特定时间点计提"设备重置费"的方式解决此类问题,但采用此种方式,政府将默认设备在使用一段时间后,无论设备是否还可以继续使用,均对其进行全部或部分的置换,由此可能会造成财政资金的浪费。

为此，区指挥中心在本项目运营期内将针对本项目计提规模等同于设备原值的"网格化项目专项基金"用于设备更新及技术迭代，并与区内其他相关委办局成立联审小组，对专项基金的使用进行决策和监督。具体机制为本项目运营期第6年结束前半年，如项目产生合理的大面积设备更新需求，项目公司可向区指挥中心提出"网格化项目专项基金"使用需求并提交设备更新方案，由区指挥中心初审通过后报联审小组决策。如项目运营未满前述年限即产生大面积设备更新的切实需求，则项目公司可以根据实际情况提前按相应流程将设备更新方案报区指挥中心和联审小组决策。联审小组决策通过后，项目公司依据批复通过的方案实施设备更新。

技术迭代为非常规性事项，旨在保证本项目在运营期内持续保持技术的领先性，所以前期难以预测其发生的时间以及产生的金额。因此，本项目技术迭代需求可以由政府方提出，也可以由项目公司提出。由项目公司提出的，需满足一定的前置条件，比如完成专题研究、专家论证签字等相关流程，并形成书面的技术迭代实施方案。项目公司自项目正式投入运营起，原则上每个自然年年末可向区指挥中心提出技术迭代需求并提交技术迭代实施方案，由区指挥中心初审通过后报联审小组决策。联审小组决策通过的，项目公司应依据批复通过的技术迭代方案实施。

2. "轻建设，重运营"，切实提高运营维护质量

在本项目实施之前，该区已通过采用传统模式即"政府投资建设，委托社会资本运营"的方式实施了一期和二期网格化项目，但在社会资本运营过程中，存在设备在线率低、设备损坏维修不及时等问题，尽管指挥中心已经采取措施对社会资本进行相应处罚，但是问题仍然没有得到妥善解决。

针对上述问题，本次三期网格化项目充分落实PPP模式"轻建设，重运营"的核心原则，在方案设计时并不仅仅满足于《关于规范政府和社会资本合作（PPP）综合信息平台项目库管理的通知》（财办金〔2017〕92

号）的规定，即"项目建设成本与绩效考核结果挂钩部分占比不低于30%"，而是将全部项目建设成本与绩效考核结果挂钩，即如果社会资本无法达到绩效考核要求，则其不仅无法获得运营维护费用，更是无法回收前期建设成本。此举可迫使社会资本尽全力满足运营维护绩效考核要求，充分发挥社会资本的运营管理能力，收回前期建设投资并获得合理利润，切实提高项目运营维护质量。

3. 针对性设计绩效考核提升运营维护效率

为使项目公司加强运营维护管理，本项目对此类项目"顽疾"针对性地设置绩效考核机制，切实提升项目公司公共服务供给效率，确保本项目运行体系高效运转和项目设施的正常使用。

本项目绩效考核方案以《图像信息管理系统技术规范第17部分：运行维护要求》（DB11/T384.17-2009）、《某区网格化图像信息系统运行维护管理规范（试行）》及相关技术规范为基础，设置3个部分考核内容，分别为运维管理综合绩效考核、在线率单项指标考核和摄像机故障排除效率。

其中，运维管理综合绩效考核为主体考核框架，是包含从项目公司人员配备、管理制度、设备维护等各方面的综合考核体系。项目运营期内，区指挥中心将通过定期考核与随机考核相结合的方式，对项目公司运维管理情况进行考核和打分。另外基于本项目一期、二期项目运营管理经验，以及过程中出现的摄像机在线率不稳定、运营维护不及时等问题，针对性地设置了在线率单项指标考核和摄像机故障排除效率两项单独扣减指标。其中，在线率单项指标考核具体为：在线率单项指标考核年度服务费扣减金额＝运维服务费基础金额×（99.0%－该年度综合在线率）。摄像机故障排除效率考核具体为，若出现摄像机不在线等问题，项目公司应在问题出现4小时内进行修复；若超过4小时仍未修复的，则区指挥中心有权扣减出现故障摄像机当日的运营维护成本。此方式可迫使社会资本在项目运营维护过程中重点关注这两个问题，避免其再次发生。

4. 鼓励技术创新，助力产业发展

本项目设置多项鼓励创新机制，推动"智慧城市"领域技术革新，推动产业创新发展，具体机制体现为以下三个方面。

（1）鼓励创新与孵化

本项目合作期内，政府方鼓励项目公司有针对性地进行相关技术创新与研发，提升自主创新能力，以保证项目公司提供高标准的运维服务并保持项目技术的持续领先。项目公司在合作期内，将相关创新技术与研发成果向国家审批机关提出专利申请，并经审查合格被授予专利证书的，项目公司可就该项专利向政府方申请奖励资金，政府方可结合有关情况给予资金奖励。

（2）鼓励对外合作

本项目合作期内，政府方鼓励项目公司与区内高校及社会企业建立合作关系，在不影响项目正常运营、不对外透露项目运营数据等保密信息的前提下，允许其就项目运维服务、项目技术应用等内容充分对外进行交流与合作，促进高校、科研院所成果转化。

（3）新技术试点应用

本项目合作期内，政府方允许项目公司在不影响项目正常运营、不增加政府方支付义务的前提下，将合作单位的创新技术应用到本项目中，作为区内创新技术的应用试点。该创新技术的应用应首选另行安装设备与软件并接入本项目平台系统或设备端，不得直接改变本项目既有设备和技术路径，须对本项目运营的影响降至最低。

三 案例结果

本项目最终选定北京中海视联科技有限公司作为本项目的中标社会资本，作为项目所在地区首个通过 PPP 模式落地实施的"智慧城市"项目，

本项目的实施将为其所在区和所在市带来一定的经济效益和较大的社会效益。

（一）经济效益

在经济效益方面，该项目的顺利实施具有以下几点重要意义。

1. 通过引入运营管理能力较强的社会资本减少政府财政支出

基于物有所值定性评价，本项目采用 PPP 模式能够增加基础设施和公共服务供给、优化风险分配、提高实施和运营效率、促进创新和公平竞争；从定量评价上看，政府传统采购模式下公共部门比较值为 80764.57 万元，PPP 模式政府全生命周期成本净现值为 77653.65 万元，本项目物有所值的量值 VFM 远大于零，这说明该 PPP 方案能够为政府节约成本。基于财政可承受评估，测算了政府股权投资、可行性缺口专项补助、风险承担支出和配套投入支出四类支付责任，得出区财政在本项目上每年的财政支出范围为 369 万~25032 万元，得出财政可承受能力比例为 0.005%~0.30%，远远小于 10%，财政承受能力符合要求，具有可行性。

2. 探索信息化类项目的商业经营减少政府财政支出

本项目允许项目公司在不影响数据安全、不对外透露政府保密信息的前提下，利用项目项下资产或项目所形成的数据资料向社会企业提供服务并获得商业经营收益，商业经营收益基础金额在政府采购环节通过社会资本方竞价的方式进行确定。本项目运营期内，政府方将通过项目公司递交的由专业第三方机构出具的财务报告对本项目商业经营收益进行审核。若项目公司通过商业经营所获收益超过基础金额，项目公司应就超额收益部分（指超过商业经营收益基础金额的商业收入）与政府方进行分享。政府方将获得项目公司超额收益部分的 40%，超额收益部分具体分享方式为直接扣减运维服务费支付金额。

（二）社会效益

在社会效益方面，该项目的顺利实施具有以下几点重要意义。

1. 提高政府的社会服务、管理职能的需要

网格化视频图像信息系统将提供全区各个重点部位的实时监控图像，使得城市网格管理工作人员足不出户就可以监测到辖区内的市政设施和城市管理问题，并及时予以解决。视频监控系统的接入必将提高城市监督管理工作人员的工作效率，加快城市管理问题的解决速度，从而提高区政府城市服务和管理水平。

2. 雪亮工程建设的需要

某区顺应雪亮工程要求，按照城镇道路交叉口无死角，主要道路关键节点无盲区，人员密集区域无遗漏，以及要害部位、案件高发区域、治安复杂场所主要出入口等全覆盖的布点模式，建设网格化图像信息系统三期工程，加快雪亮工程建设步伐。提出力争到2020年实现公共安全视频监控建设联网应用"全域覆盖、全网共享、全时可用、全程可控"的总目标。

3. 平安城市建设的需要

对区城市服务管理指挥中心来说，建设全区的治安图像监控系统，能够实现全区各街镇、派出所、社会单位图像监控系统的联网接入，能够与区城管局等部门有效联动，能够保证事件发生时公安机关及相应部门能第一时间把握现场状况并协助上级指挥处置。这对于提高管理者的管理效率和应对突发事件的应急处置能力、保障人民生命财产安全、构建和谐社会具有重要意义。

4. 城市可持续发展的需要

城市的可持续发展需要现代化的治安和交通管理基础设施。建立系统、快速、安全和经济的城市管理体系是城市基础设施建设发展的必然要求，也是可持续发展的重要保证。现代化的城市管理能够改善社会环境、提高城市运行效率、提高有效资源的利用效率，而视频监控系统正是城市管理的重要现代化手段。

综上，本项目的实施不仅较于传统政府建设模式更加物有所值，同时也对城市管理和治安防控工作，以及城市可持续发展等方面产生巨大的推动作用。

四 案例评述及经验启示

本项目在实施前，某区已采用传统政府投资的模式实施了一期和二期项目，为后续项目的实施积累了大量的实践经验。本项目在方案设计阶段充分借鉴了过往的经验，并对一期和二期项目建设运营中存在的问题进行了实地调研。在方案设计时，以项目所在行业的相关政策法规为基础，充分发挥PPP模式的优势，对已发现的问题，针对性地设置解决方案，并将解决方案的思路和要求进行市场测试，以保障项目的后续顺利落地和实施。

在方案具体思路设计和问题针对性解决方案设置方面有以下几点启示。

（一）"专项基金"的决策机制符合项目特点和地方政府要求

本项目运营期内政府方针对性地设置了"网格化项目专项基金"，用于设备更新及技术迭代，并与区内其他相关委办局成立联审小组，对专项基金的使用进行决策和监督。"专项基金"作为本项目的创新点，旨在节省财政资金，而联审机制的设置则是"专项基金"正常使用的前提。通常来说，政府方通常不愿意为单一项目的某一环节成立涉及较多部门的工作小组，而是按照正常的资金审批流程由项目涉及的职能部门依次进行审批，但本项目具有设备更新频率高，技术迭代速度较快且对城市安全管理影响较大等特点，正常的审批流程耗费时间过长可能会导致设备和技术无法及时更新，造成城市管理安全隐患，所以在前期与主管单位和其他相关委办局沟通后，为加快项目决策部署，设置了此联审机制。因此，同类项目应充分考虑项目属性和地方政府实际情况后，再决定是否设置"专项基金"。

（二）项目建设成本与绩效考核结果完全挂钩

本项目设计时还未出台财政部《关于推进政府和社会资本合作规范发展的实施意见》（财金〔2019〕10号），因此PPP项目在设计时仍遵循《关于规范政府和社会资本合作（PPP）综合信息平台项目库管理的通知》（财办金〔2017〕92号）的"项目建设成本与绩效考核结果挂钩部分占比不低于30%"的要求，本项目为最大限度地利用社会资本的运营管理能力，充分调动社会资本主观能动性，解决过往项目中运营维护质量低的问题，遵循PPP模式"轻建设，重运营"的思路，将全部项目建设成本与绩效考核结果挂钩。此举看起来有些严苛，但鉴于本项目对城市安全管理的重要性，政府方不得不坚持此原则迫使社会资本满足运营维护要求。后续看来，此举与财金〔2019〕10号文中"建立完全与项目产出绩效相挂钩的付费机制，不得通过降低考核标准等方式，提前锁定、固化政府支出责任"的要求不谋而合，因此也为10号文的后续实施提供现实参考依据。

（三）通过针对性的机制设置解决项目痛点

本项目针对往期项目中出现的摄像机在线率不稳定、运营维护不及时等问题，在传统绩效考核体系的基础上，另外设置了"在线率单项指标考核"和"摄像机故障排除效率"两项单独扣减指标，此方式可迫使社会资本在项目运营维护过程中重点关注这两个问题，避免其再次发生。其他不同行业的 PPP 项目也可充分参考本项目绩效考核指标设定的逻辑，充分发挥 PPP 模式"提高公共服务的质量和效率"的作用，也为财政部门"按效付费"提供更加科学的依据。

目前，本项目已进入执行阶段。本项目实施方案的设计思路充分发挥了 PPP 模式的优势，也解决了"智慧城市"类项目以往运营维护中存在的问题，其方案的设计逻辑和问题解决方案的设置思路具有一定推广和借鉴意义。

案例三
河北省某市某区集中供热 PPP 项目投资绩效评价项目

李建辉　李怡然

摘 要：

本项目为河北省某市某区集中供热 PPP 项目投资绩效评价项目，是中国投资咨询有限责任公司（以下简称"中国投资咨询"）为数不多为社会资本提供投资绩效评价咨询服务的项目之一。该社会资本系某区属国有企业，在已投项目的实施过程中，发现项目实际情况与投标时的项目条件存在一定的偏差。为确保项目投资安全，该国企决定聘请第三方咨询机构针对该项目开展绩效评价。中国投资咨询接受该国企委托，提供了专业的投资绩效评价服务，为该国企已投项目的后续实施及资产处置提出专业建议，协助该国企建立健全规范可行的项目评价体系，提升其对已投项目的主动管理能力，为国有资产保值增值贡献专业力量。

案例三　河北省某市某区集中供热 PPP 项目投资绩效评价项目

一　案例背景

河北省某市某区集中供热 PPP 项目（以下简称"本项目"）于 2017 年通过公开招标的方式选定中标社会资本，并由中标社会资本全资设立的项目公司对本项目进行施工建设，为该区提供供热服务。某控股有限责任公司（以下简称"某控股公司"）系某区属国有企业，其全资子公司某供热有限公司（以下简称"某供热公司"）作为中标社会资本，按照招标文件要求，在当地设立项目公司并投资、建设、运营本项目。项目主要相关方关系见图 1。

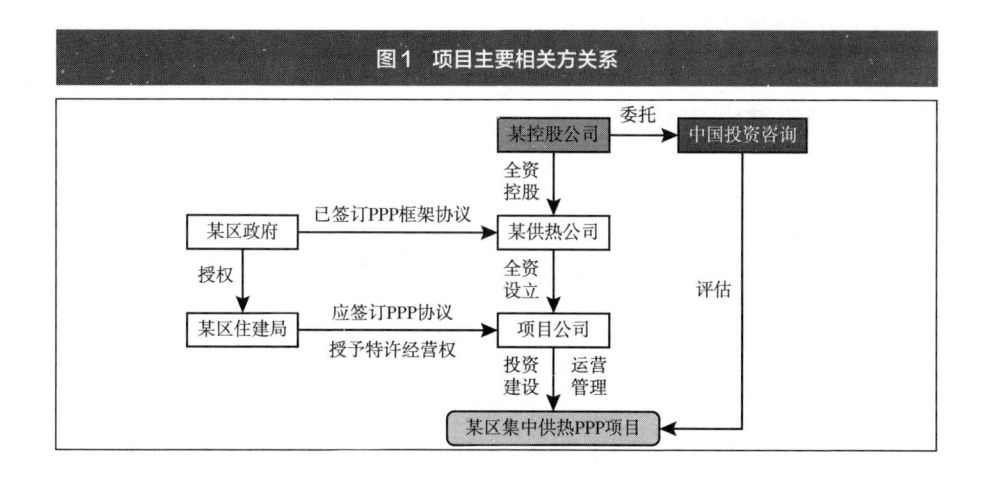

图 1　项目主要相关方关系

在项目实施过程中，项目公司反馈实际情况与投标时的项目条件存在一定的偏差，主要体现在投标条件和实际情况出现较大差距、项目公司相关工作难以开展、项目收益水平急速降低等。在此不利背景下，项目公司还面临 2018~2019 年供暖季的供热压力。为确保项目投资安全，中国投资咨询建议针对项目实际情况进行梳理，合理评估项目风险，为已投项目管理与项目后续实施提供决策依据。

在项目情况复杂、涉及相关方较多，且某控股公司缺少项目主动管理经验、对本项目后续工作的开展思路和工作方式存在较多困惑的背景下，为中国投资咨询留出的时间较为有限。中国投资咨询通过收集整理资料数据、开展项目实地调研、梳理项目法律文件、搭建财务测算模型等，为已投项目的实施落地及资产处置提供了专业建议，协助某控股公司建立健全规范可行的项目评价体系，进一步提升某控股公司对已投项目的主动管理能力，为国有资产保值增值贡献专业力量。

二　案例事件及过程

（一）项目基本情况

本项目采用BOT（建设—运营—移交）模式实施。由某市某区人民政府（以下简称"区政府"）授权该区住建局（以下简称"区住建局"）作为本项目实施机构，以公开招标的方式选择适宜的社会资本方。中选社会资本全资设立PPP项目公司，区住建局与项目公司签订PPP合同，授予项目公司特许经营权，履行约定义务，并由政府方对项目进行监督和管理。项目公司作为本项目法人单位，负责完成项目工程建设等工作。项目公司向指定热电厂购热，为该区提供供热服务，自行收取供热费及并网费，同时负责项目设施的维护、更新、重置，并承担相关费用。项目合作期满后，项目公司将项目设施无偿移交政府方。

本项目PPP模式结构如图2所示。

图2 项目PPP模式结构

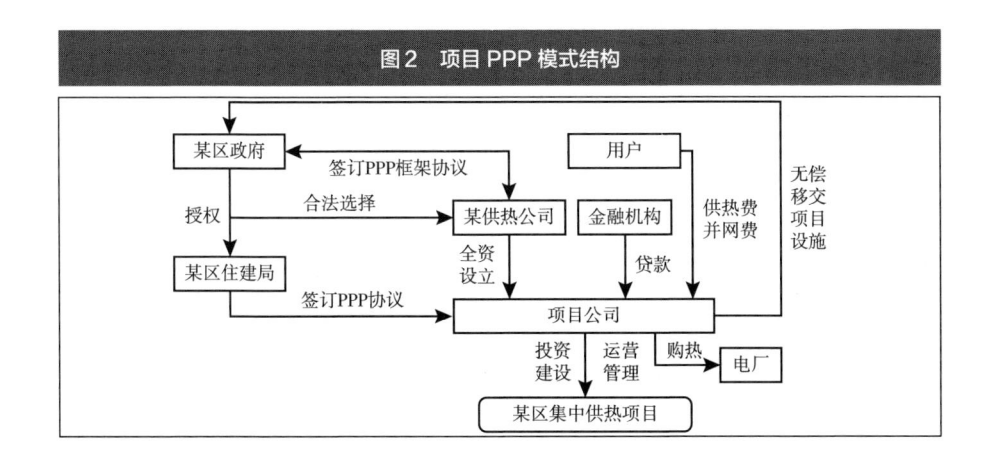

```
某区政府 ──签订PPP框架协议──→ 某供热公司  用户
  │授权      合法选择            │  金融机构   供热费并网费   无偿移交项目设施
  ↓                          全资设立  贷款
某区住建局 ──签订PPP协议──→ 项目公司
                          投资建设  运营管理  购热 → 电厂
                          ↓
                          某区集中供热项目
```

中国投资咨询作为本项目的咨询顾问，协助某控股公司和某供热公司梳理工作思路，整理项目情况，通过实地调研了解项目细节信息，分析评估项目现存风险，并对项目处置提出专业建议。

具体工作内容和时间进度如图3所示。

在多方的共同努力下，中国投资咨询从首次接触本项目到最终向某控股公司经营层汇报，历时约1个月（见图3）。此次投资绩效评价主要对项目条件发生变化时的财务情况进行模拟和测算，理清本项目在建设、运营、资金运用、收费等方面的财务风险和法律风险，提出三种处置方案并对处置方案的利弊展开详尽分析，为某控股公司的项目管理和资产处置提供了坚实的决策依据，也为集中供热类项目积累了投资经验。

（二）项目出现执行偏差，多角度识别项目风险

中国投资咨询基于收集整理的项目资料和财务数据进行了初步分析，发现本项目存在较多问题。通过实地调研了解项目细节后，归纳总结本项目执行偏差具体包括：

其一，并网面积与供热面积低于预期：实际并网面积和供热面积大幅

图3 项目工作进展情况

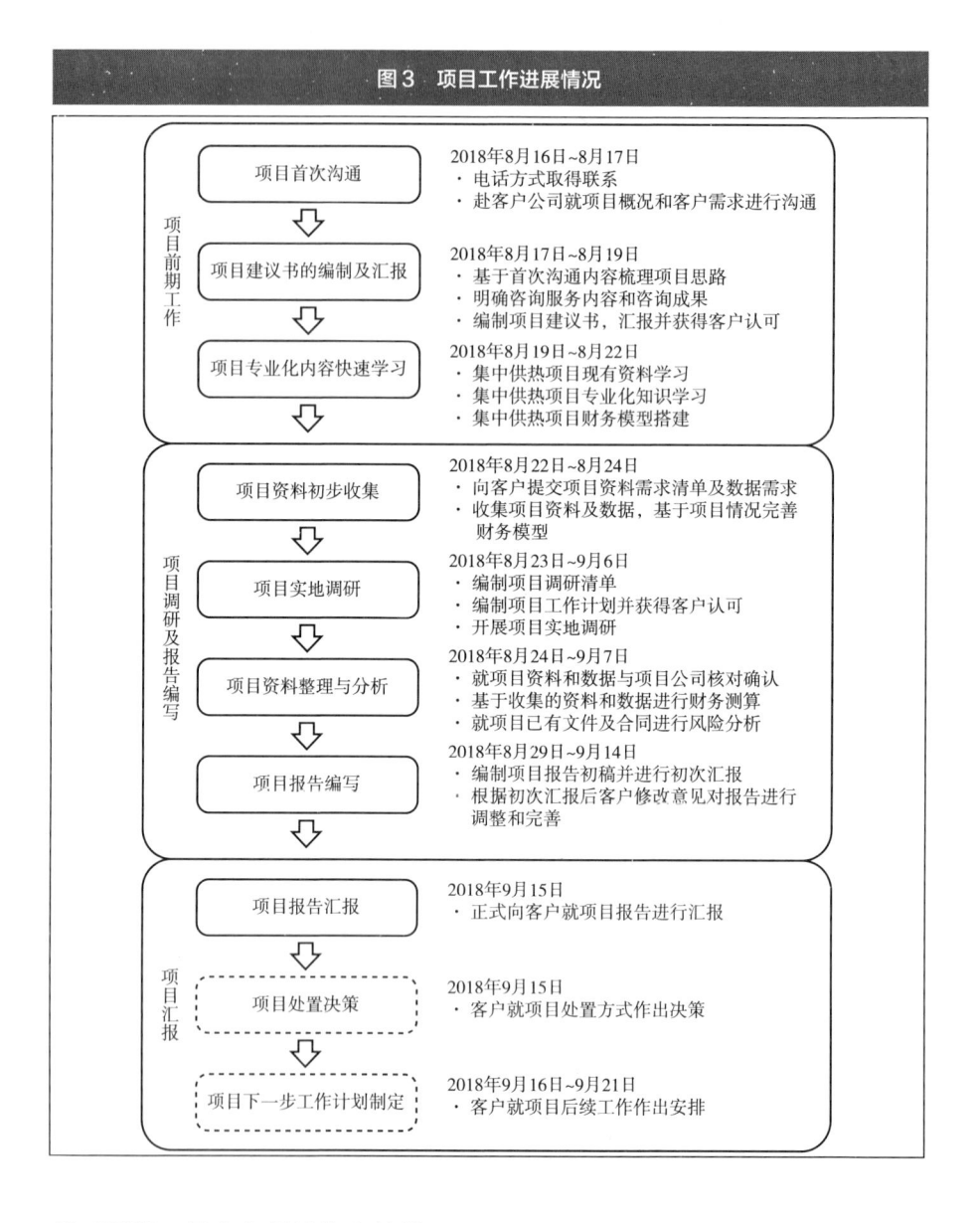

项目前期工作：

- 项目首次沟通
  - 2018年8月16日~8月17日
  - 电话方式取得联系
  - 赴客户公司就项目概况和客户需求进行沟通

- 项目建议书的编制及汇报
  - 2018年8月17日~8月19日
  - 基于首次沟通内容梳理项目思路
  - 明确咨询服务内容和咨询成果
  - 编制项目建议书，汇报并获得客户认可

- 项目专业化内容快速学习
  - 2018年8月19日~8月22日
  - 集中供热项目现有资料学习
  - 集中供热项目专业化知识学习
  - 集中供热项目财务模型搭建

项目调研及报告编写：

- 项目资料初步收集
  - 2018年8月22日~8月24日
  - 向客户提交项目资料需求清单及数据需求
  - 收集项目资料及数据，基于项目情况完善财务模型

- 项目实地调研
  - 2018年8月23日~9月6日
  - 编制项目调研清单
  - 编制项目工作计划并获得客户认可
  - 开展项目实地调研

- 项目资料整理与分析
  - 2018年8月24日~9月7日
  - 就项目资料和数据与项目公司核对确认
  - 基于收集的资料和数据进行财务测算
  - 就项目已有文件及合同进行风险分析

- 项目报告编写
  - 2018年8月29日~9月14日
  - 编制项目报告初稿并进行初次汇报
  - 根据初次汇报后客户修改意见对报告进行调整和完善

项目汇报：

- 项目报告汇报
  - 2018年9月15日
  - 正式向客户就项目报告进行汇报

- 项目处置决策
  - 2018年9月15日
  - 客户就项目处置方式作出决策

- 项目下一步工作计划制定
  - 2018年9月16日~9月21日
  - 客户就项目后续工作作出安排

低于预期，导致本项目收入较低；

其二，政府支持力度有限：已签订的PPP框架合同对政府方义务描述较为简单，政府方对本项目的支持力度较为有限；

其三，资金链紧张：项目公司存在资金缺口，某供热公司短贷长投，某供热公司与项目公司都面临资金紧张问题；

其四，PPP合同保障力度较弱：项目公司与政府方已签订的PPP框架合同较为简单，对本项目后续执行缺乏保障。

中国投资咨询基于资料研究及现场调研，着重对项目风险进行了识别。

1. 敏感性分析：不可控因素对投资收益影响较大

中国投资咨询在与项目公司和某供热公司充分沟通的基础上，对建设投资、资金筹措、并网单价、供热单价、运营成本、空置率、收费率、适用税率等主要条件进行了锁定。经测算，当并网面积和供热面积达到招标文件约定时，项目公司的收入、利润和投资收益都较为理想。然而，本项目的实际执行情况与招标条件出现了较大的偏差，项目公司持续运营受到巨大阻碍，项目投资收益难达预期。

为了对影响项目收益的重要因素进行识别，并对某供热公司和项目公司在本项目后续实施中需要着重关注的因素提供参考，中国投资咨询对影响项目收益的因素进行了敏感性分析。通过敏感性分析，发现对本项目收益率产生重大影响的前三个因素是收费率、购热单价和并网面积。其中，并网面积会直接影响项目投资、筹资、供热面积、并网费收入、运营成本和财务费用等指标，与收费率共同影响项目收入；购热单价对项目运营成本影响较大，进而对项目收益水平产生影响。

其中，并网面积和购热单价两个因素超出了某供热公司和项目公司的控制范围，因此本项目收益水平受到较大的外力影响。

2. 合同风险评价：PPP合同对投资收益保障较弱

根据本项目相关材料，某供热公司与区政府已签订的PPP框架合同内容较为简单，多为常规性条款。经中国投资咨询实地调研，区住建局认为已签署的PPP框架合同无修改必要，因此双方在本项目中行使权利和履行义务仅可参照已签署的PPP框架合同执行，但PPP框架合同中的处理方式对某供热公司和项目公司较为不利，对投资收益的保障能力较弱。具体体现为以下几个方面。

(1) 并网面积及供热面积不足时无保障

本项目实际并网面积与招标条件出现较大出入，但并网面积并未在PPP框架合同中给予保障，合同条款也并未明确既有面积和规划面积各是多少，亦未提及当并网和供热面积未达到招标文件测算条件导致项目收益受损、财务状况恶化时应该如何处理，因此对本项目达到预期收益水平具有较大影响。

(2) 建设投资增加的处理措施缺失

在项目执行过程中，政府方对本项目提出了较高的环保要求，除此之外，项目规划条件和施工条件发生不可控变动，对项目建设进度和投资成本产生了一定影响。然而PPP框架合同未对项目建设进度和建设投资变化如何处理做出明确约定，项目公司对不可控因素导致的建设投资增加缺少补贴渠道。

(3) 项目热源不稳定且无保障

本项目由项目公司向指定电厂购买热源，系项目公司和热电厂之间的市场化行为。但供热项目作为市政项目，政府方理应履行统筹协调、监督管理的职责。然而，PPP框架合同并未提及购热单价承诺金额或当购热单价调整时如何处理等相关事宜，这成为项目公司的运营风险之一。

(4) 调价机制作用有限

在本项目较长的合作期限内，发生建设成本、运营成本、购热费用等成本费用上涨以及不可预见的资本性支出等情况的可能性极高。但PPP框架合同要求调整后的供热价格不能超过同年该市的收费标准，且要求调价与否皆不得终止供热或以终止供热为调价的筹码。因此，即便出现供热价格倒挂，项目公司也不可停止运营，这导致项目公司在某段时期内极有可能出现入不敷出的情况。

(5) 重大问题处理方式对社会资本不利

PPP 框架合同未对政企双方的协商机制进行约定，导致缺少协商的参考流程及沟通时限。与此同时，PPP 框架合同要求不论发生何种情况，项目公司皆应保证按时供热或不间断供热，否则政府方有权提前终止本项目，某供热公司无偿移交项目设施，政府方不再对某供热公司进行任何补贴。因此，本项目重大问题的处理方式对于某供热公司和项目公司而言较为不利。

3. 公司内部风险评估：投资类项目经验不足埋下多重隐患

中国投资咨询在对本项目客观外部条件进行分析的同时，也对某供热公司和项目公司的内部风险进行了简要评估。本项目作为某供热公司首个投资的 PPP 项目，在一定程度上也体现出其在工作过程中存在的不足和由此引发的风险。

(1) 可行性研究预期与实际情况存在偏差

在某供热公司中标本项目后，针对是否设立项目公司编制了项目投资可行性研究报告（以下简称"可研报告"）。然而，可研报告中只对本项目 3 年的财务状况进行了测算，未覆盖整个项目的全生命周期，其结果不足以对项目完整的合作情况进行全面考量。

此外，可研报告测算假设与招标文件一致，未体现对区实际情况的调查成果，测算基础条件较为乐观，未就影响项目收益水平的重要变量进行识别和分情况论证，未建立应急处理措施和风险防范机制，对项目投资风险和运营风险缺少主动识别和防范的能力。

(2) 财务状况不足以继续提供资金支持

根据某供热公司 2017 年度本级财务报表，其资产负债率已达到较高水平，继续融资存在一定困难。某供热公司在 2017 年度针对本项目发生了 1 亿元流动贷款，根据财务报表，某供热公司 2018 年的还款压力较大。某供热公司在融资能力有限、还款压力较大的情况下，仅凭借所剩的现金余额无法继续对本项目提供足够的资金支持。若不采取应对措施，项目公司将面临资金链断裂的风险。

（3）投资类项目资金安排经验不足

某供热公司在 2017 年为了满足政府方对项目公司资本金的严格要求，通过流动贷款的方式融资 1 亿元，作为资本金注入项目公司。然而，在实际执行中出现并网面积下调、收费困难等超出预期的情况，项目公司未能按照预期通过并网费和供热费收入实现资金周转，某供热公司和项目公司都出现了资金紧张的问题。在此不利情况下，某供热公司和项目公司未能充分利用 PPP 投资类项目的优势，未能运用合理的融资方式取得项目贷款。

4. 风险应对措施

（1）持续监测项目重要指标

由敏感性分析结果可知，并网面积和购热单价两个因素属于某供热公司和项目公司的不可控范围，导致项目收益受到较大的外力影响。在此背景下，某供热公司和项目公司仅依靠提高自身管理能力、控制经营成本等方式优化本项目收益水平的作用十分有限。

建议将购热单价变动及预期新增并网面积作为重要参考指标进行继续监测，持续关注项目收益水平变动情况。若收益水平存在持续恶化的趋势，建议在充分科学的财务测算基础上对项目进行处置。

（2）重新谈判合同重要条款

根据合同风险分析结果可知，已签订的 PPP 框架合同条款较为宽泛，项目公司未与实施机构正式签订 PPP 合同，存在项目并网面积和供热面积不足及建设投资增加时无保障、项目热源价格不稳定、调价机制作用有限等重大问题，使项目暴露在较高风险中，严重影响项目的持续稳定运营。

建议尝试与当地政府保持沟通，对项目重要条款进行重新谈判，签订公允合理的 PPP 合同条款，确保项目稳定运营，为当地居民持续提供高质量的供暖服务。

(3) 提高公司投资及财务管理能力

公司内部风险评估结果显示，某供热公司缺少 PPP 项目投资经验，在项目招投标阶段未对项目所在地某区实际情况进行充分调查，导致项目预期过于乐观；在项目执行阶段缺少合理的投融资安排，短贷长投，推升了项目公司财务风险。

建议尽快建立应急处理措施和风险防范机制，充分总结本次投资经验，避免后续投资项目出现类似问题。同时尝试运用收费权质押、资产抵押、股权质押等合理财务杠杆取得项目贷款，以解决资金困境。

三 案例结果

根据中国投资咨询的实际调研情况、投资收益分析和项目风险评估，提出三种处置方案：全部持有、部分持有和全部转让。每种处置方案中，公司对该方案下的项目后续管理提出了相应建议，为某控股公司和某供热公司对该项目后续处置提供了充分分析及可行路径。

（一）方案一：某供热公司全部持有本项目

若某供热公司继续全部持有本项目，中国投资咨询认为本项目的资金缺口问题亟待解决。建议某供热公司和项目公司尝试通过项目贷款等方式进行融资，平稳度过项目困难期。与此同时，建议某供热公司和项目公司积极与当地政府进行对接，对本项目各方的权利义务和重大问题的处理机制谈判协商，争取就 PPP 框架合同内容签订补充合同，并聘请专业机构就补充合同提供专业意见，在一定程度上为项目后期执行化解风险。

（二）方案二： 某供热公司部分持有本项目

若某供热公司部分持有本项目，中国投资咨询认为可通过两种操作方式实现。

一是固定收益方式，即项目公司将已建成的供热设施使用权以一定价格租给供热单位，由供热单位运营并向热用户收费。

二是引入股东方式，即某供热公司转让项目公司部分股权，合作方向某供热公司支付股权转让款，双方签订股权转让合同，约定各自在本项目中的权利和义务。

根据已签订的 PPP 框架合同，某供热公司不得将特许经营权及相关权益进行出租或转让，因此除非某供热公司通过与政府方以签订补充合同的方式将此条款进行变更，否则第一种方式有违 PPP 框架合同约定，存在较大的法律风险。此外，PPP 框架合同约定，经甲方批准后，某供热公司在特许经营期限内可以转让项目资产及特许经营权，因此某供热公司在与合作方就彼此权利义务、转让价款等关键问题开展谈判的同时，与政府方的沟通也十分重要，否则将为项目后续合作带来运营风险和法律风险。

（三）方案三： 某供热公司全部转让本项目

若某供热公司全部转让本项目，中国投资咨询建议某供热公司尽快与交易对手谈判，并按照 PPP 框架合同约定向政府方提出申请，取得政府方的批准。若谈判进度缓慢，拖延至 2018～2019 年供暖季，项目公司必须按时供暖。若项目公司遵守合同约定按时供暖，收费困难、无合同保障的情况依然存在，对某供热公司和项目公司而言较为不利；若项目公司选择不按时供暖或供暖质量不达标，按照 PPP 框架合同约定，政府方有权提出提前终止，项目公司须将已建成管网和换热站等无偿移交政府方，某供热公司将无法收回前期投资。此外，中国投资咨询对转让流程进行了提示。鉴于项目公司是某供热公司的全资子公司，某供热公司作为国有企业，此次股权转让属于国有资产转让行为。根据相关政策要求，须就本项目资产进行作价评估并进场交易。因此，采用该种方式时，建议把握重要事件的时间节点，着力推进各项工作按计划开展。

不论选择何种处置措施，项目公司都将面临一定挑战。即使项目公司有把握解决上述大部分问题，但并网面积仍属于项目公司能力可控范围外的因素。因此，本项目依然存在较高的收益风险，不建议将全部持有作为第一选择。

四 案例评述

中国投资咨询在短时间内高质高效地完成了本次投资绩效评价任务，为客户贡献了智慧、创造了价值。回顾整个评价过程，咨询经验可总结为以下三方面。

（一）社会资本须提高项目前期的风险控制意识和能力

PPP 项目参与方众多，涉及的权利与义务关系复杂，决定了其风险因素的多样性。由本案例可以看到，社会资本仅关注项目合作期的风险是远远不够的，采购阶段的项目前期调研及合同谈判对于项目风险控制极为重要。

社会资本应加强项目前期调研，通过实地调研确认项目招标条件的真实性。对于集中供热类投资项目而言，前期调研的关注点应放在实际并网面积、实际供热面积、空置情况、收费情况、热源来源及价格稳定等方面，确保财务测算条件尽可能贴近实际情况，从而获得更为真实的收益预期。与此同时，在项目前期调研的基础上对可能出现的风险事件进行识别，制定风险应对预案，更为科学高效地应对项目合作期发生的风险事件。

此外，社会资本应重视PPP项目合同谈判，通过PPP项目合同明确各方权利义务边界及重要事项的处理原则和处理方式。PPP项目合同应就各类项目参与主体、项目资产、项目公司结构、融资方式、利益分配、风险分担、绩效评价等众多要素进行整体安排，最大程度降低风险事件给投资人带来的损失。

（二）社会资本开展投资绩效评价具有推广意义

《关于印发政府和社会资本合作模式操作指南（试行）的通知》（财金〔2014〕113号）要求项目实施机构应每3~5年对项目进行中期评估，及时评估已发现问题的风险，制订应对措施。对于社会资本而言，PPP项目不短于10年的合作期限已属于长期投资范畴，在此期间开展投资绩效评价十分必要。投资绩效评价从社会资本自身出发，通过一系列经济技术指标的测算，用定性与定量相结合的方式，从运营管理、产品质量、成本管理、用户满意度等多方面评估项目运营成果，全面分析项目执行现状，评估项目投资收益，发现经营管理问题，及时通过协商谈判及签订补充合同等措施，促进PPP项目下阶段继续稳定健康地持续发展。

在本项目中，某控股公司对于其子公司某供热公司投资的PPP项目进行了投资绩效评价。此次评价不仅理清了项目本身存在的风险和隐患，也使某供热公司和项目公司了解其自身在项目运营管理中存在的不足。对于某控股公司而言，在为项目处置提供了决策依据的同时，也让其更加了解PPP模式和PPP项目，为今后的投资类项目积累了宝贵经验，协助某控股公司建立健全规范可行的项目评价体系，最终实现国有资产保值增值。

因此，通过对社会资本已投PPP项目的投资绩效评价，梳理、整合、分析 PPP 项目建设、运营、财务、法律等各方面信息,有利于帮助企业深化对项目的把控,提高社会资本对项目的主动管理能力,具有一定的借鉴和推广意义。

(三) 咨询公司尽早介入,成就更高客户价值

PPP 项目以基础设施建设和公共服务类项目为主,投资金额较大,合作期限较长,项目条件复杂,项目从识别、准备、采购到执行和移交,涉及众多环节,涵盖法律、财务、金融等多个领域。在推进 PPP 项目时,政府方通常会聘请专业咨询公司寻求专业支持。而对于同样缺乏 PPP 项目经验的社会资本而言,在项目准备阶段聘请专业 PPP 咨询机构亦有很大的必要性。

对于缺乏 PPP 项目经验的社会资本而言,在项目准备阶段聘请专业 PPP 咨询机构就 PPP 模式进行讲解,使其对 PPP 模式有较为全面的认知和了解,更有利于社会资本投标工作和合同谈判的顺利开展。咨询机构通过对项目合同的分析,对 PPP 项目开展过程中需要注意的关键条款和存在的风险进行提示,有利于社会资本与政府方进行谈判,并对无法转移的风险提前准备应对预案,控制项目执行过程中可能发生的损失。此外,咨询机构基于项目条件,协助社会资本进行专业的财务测算,使其了解项目收益情况以及影响项目收益的重要因素,进而在执行过程中对重大影响因素予以着重关注。

社会资本尽早引入专业 PPP 咨询机构,可在咨询机构的协助下按照现行政策规定,合法、合规、高效、高质地完成 PPP 项目全流程工作。PPP 咨询机构协助社会资本对 PPP 项目各层面进行把控,对复杂的项目条件进行梳理,对项目风险与机遇进行识别,对项目方案和项目合同进行设计和优化,在项目评估、投标方案设计、财务测算、合同管理等环节,优化项目关键条件、设计冲突解决机制等,为社会资本提供专业支持,最大程度控制项目风险,实现客户更高价值。

案例四
滁州至南京城际铁路
（滁州段）一期工程
PPP 项目

周　伟　徐晓维

摘 要：

滁宁城际铁路是密切都市圈的核心圈层同城镇联系的重要城际铁路，也是推进滁州与南京一体化发展，加强皖江城市带北翼与长三角的联系的重要纽带。中国投资咨询作为滁宁铁路一期工程PPP项目实施方案的评审咨询机构，为客户提供了专业服务和评审报告，通过对项目审批文件、PPP项目实施方案、物有所值评价报告、财政承受能力论证报告、采购文件（含PPP项目合同草案）、PPP综合信息平台的录入信息及其他咨询过程性成果文件等项目相关重大文件的收集与仔细研究分析，从滁州市人民政府的角度审慎分析实施方案及采购文件（含项目合同）的合理性，为政府决策提供参考，为项目的顺利落地和快速推进提供支持，也对公司日后开展相关业务具有较强的借鉴意义。

一 案例背景

（一）项目基本信息

项目时间：2018年12月至2021年6月

项目发生地：安徽省滁州市

项目总投资：92.37亿元

建设规模：根据初步设计，滁宁城际铁路滁州段一期工程起自凤阳北路站（不含），沿龙蟠大道、徽州路、扬子路、G104，往汊河镇至皖苏省界，线路全长33.18公里，全部采用高架线；设站8座（含2座预留站）；设车辆段1处、主变电所2座、控制中心1座。

工程工期：滁州至南京城际铁路（滁州段）一期工程计划2018年12月底开工，2022年6月底建成通车试运营，总工期3.5年。

（二）项目背景

为贯彻落实《国家发展改革委关于开展政府和社会资本合作的指导意见》（发改投资〔2014〕2724号）和《财政部关于推广运用政府和社会资本合作模式有关问题的通知》（财金〔2014〕76号）等文件精神，以提高项目效率为导向，切实推动滁宁城际铁路的可持续发展，滁宁城际铁路（滁州段）一期工程拟采用PPP模式。

2018年6月，滁州市政府授权滁州市发展和改革委员会（以下简称"市发改委"）作为本PPP项目的实施机构，滁州市滁宁城际铁路开发建设有限公司作为政府方出资代表。2018年7月，实施机构完成了PPP项目的咨询机构招标工作，于同年10月完成PPP项目实施方案。

2018年11月14日，项目进行社会资本资格预审，共3家社会资本通过资格审查，分别为：

中国交通建设股份有限公司、中交第二公路工程局有限公司、中交一公局集团有限公司、中交机电工程局有限公司联合体；

中国中铁股份有限公司、中铁四局集团有限公司、中铁浙江投资发展有限公司、中国铁建投资集团有限公司、中铁建投资基金管理有限公司、中铁十二局集团有限公司联合体；

中国建筑股份有限公司、中国建筑第二工程局有限公司、中建三局集团有限公司、中建铁路投资建设集团有限公司、中建安装工程有限公司联合体。

二 案例事件及过程

中国投资咨询项目小组通过对项目审批文件、PPP项目实施方案、物有所值评价报告、财政承受能力论证报告、采购文件（含PPP项目合同草案）、PPP综合信息平台的录入信息及其他咨询过程性成果文件等项目相关重大文件的收集与仔细研究分析，在整个过程中着重把握两个关键点：一是认真研究PPP项目实施方案，充分对接项目相关政府职能部门和实施方案编制单位，分析实施方案编制思路；二是认真研究PPP项目采购文件（含PPP项目合同草案），充分对接项目相关政府职能部门和采购文件编制单位，分析招标采购标的设置及合同草案各项权利义务条款等。通过仔细研读与不断深入讨论，项目小组在较短的时间内对项目工程和相关文件有了较为充分的认识和把握，为下阶段的评审报告编制打下了坚实的基础。

（一）评审报告主要内容

中国投资咨询项目小组将评审报告的重点聚焦在项目实施方案和项目采购文件（含 PPP 项目合同草案）的评审上。在项目实施方案评审中，中国投资咨询项目小组依据国家发改委发布的《传统基础设施领域实施政府和社会资本合作项目工作导则》、财政部发布的《政府和社会资本合作模式操作指南（试行）》等相关政策文件，对该项目 PPP 实施方案中的项目概况、风险分配基本框架、项目运作方式、交易结构、投融资和财务方案、建设运营和移交方案、合同结构与主要内容、监管架构、采购方式选择、保障与监管措施等各章节进行全方位的梳理分析，总结评价了实施方案中对政府方的有利和不利因素，并提出客观、公正、科学、可靠的评价意见。在项目采购文件（含 PPP 项目合同草案）的评审中，中国投资咨询项目小组依据国家发改委发布的《政府和社会资本合作项目通用合同指南（2014 年版）》，财政部发布的《PPP 项目合同指南（试行）》等相关政策文件，结合项目实施方案、项目实际情况及当前国内 PPP 市场环境等因素，全面梳理了 PPP 项目合同中的各项权利义务安排，并从合规性、完整性、合理性、可行性、先进性等多角度提出评价意见，保障政府方的合法、合理权益。

（二）评审主要思路

根据对项目相关文件的仔细分析并结合以往相关业务经验，中国投资咨询项目小组审慎提出了评审过程中的主要思路和重点环节，具体看有以下几个方面：

咨询报告是否充分阐述城际铁路采用 PPP 模式的必要性、可行性；

咨询报告是否合理设定城际项目各参与主体的资格要求；

咨询报告所构建的PPP运作模式和交易结构是否合法、合规、合理；

财务测算模型是否合理，财务模拟的投融资方案是否可行，对后续的采购工作和PPP合同条件的制定是否具有指导性；

PPP合同体系和关键条款（例如，SPV公司股权结构、组织架构、利润分配、政府可行性缺口补助、票务清分、票价调整、设计变更、投资控制、行车组织、项目移交等）合理性评估；

基于未来客流量预测及财务效益测算的PPP回报机制设置是否合理；

社会资本方采购方案是否合理，是否充分兼顾到融资、建设、运营等方面综合能力，采购程序是否体现公开、公平、公正和诚实信用原则；

风险分担机制是否实现风险在政府方和社会资本方之间进行合理划分与共担；

绩效考核体系设置是否合理，特别是可用性指标、运营维护指标（清客频率、准点率、里程利用率、兑现率等）、项目移交的绩效考核方式的有效性、可操作性，绩效评价结果与可行性缺口补助挂钩的机制是否建立；

物有所值定性评价指标设置、指标权重是否合理；

物有所值定量评价结果（如有）是否可靠；

政府支出责任识别是否正确，支出测算结果是否可信，实现财政的代际平衡，达到防范和控制财政风险的目的。

（三）评审提出的相关问题与建议

中国投资咨询项目小组依照已有相关项目文件和以往相关项目经验，严格遵循国家层面出台的各类法规文件和制度规定，并结合项目进展的实际情况，对滁宁铁路PPP项目的实施方案、PPP项目合同和招标文件进行了全面、深入和完整的解读与剖析，并在此基础上提供了相关的意见和建议。

案例四 滁州至南京城际铁路（滁州段）一期工程 PPP 项目

对包括实施方案、PPP 项目合同和招标文件整体，从合法合规性、严谨性和项目可操作性的原则条件出发，对文件中存在的一些解释力薄弱或较不合理的地方提出了意见，其中重点聚焦在年度可行性缺口补助计算公式（In 调值的确定、补贴问题不明确、系数取值存在较大不可控风险）、绩效考核（包括建设期和运营期）、风险分配（宏观风险、市场风险、建设风险、运营风险）、提前终止补偿问题、保险问题和治理结构问题（设置相应的股东会、董事会的一致通过事项以及特定事项否决权），并在提出问题的基础上提供了相应的修改建议。

在对 PPP 项目合同的评审中，首先对 PPP 项目合同中先决条件的问题进行分析，主要包括：一是建议增加融资落实，完成融资交割是 PPP 项目合同中最重要的前提条件，只有确定项目公司及融资方能够为项目的建设运营提供足够资金的情况下，项目的顺利实施才有一定保障。融资文件已经签署和交付，充分有效，且遵守本合同的要求。项目公司已将签署的上述融资文件的认证副本提交给实施机构。二是建议增加的项目公司股东协议和公司章程已签署并生效，项目实施相关的其他主要合同已经签订，由项目公司负责满足。三是建议增加的保险已经生效，在 PPP 项目中，保险是非常重要的风险转移和保障机制。政府方为了确保项目公司在项目实施前已按合同约定获得了足额的保险，通常会将保险（主要是建设期保险）生效作为全部合同条款生效的前提条件。建议增加：项目公司已根据项目合同中有关保险的规定购买保险，且保单已经生效，并向政府方提交了保单的复印件。

在对 PPP 项目合同的评审中，其次对 PPP 相关条款提出建议，主要包括以下几方面的建议供参考。一是在合同中需要重点考虑"PPP + EPC"（设计方、投资方和施工方一体）模式下的风险控制机制，如设计控制机制、监理独立机制、工程变更机制（小额多次变更）等。鉴于 EPC 的复杂性，建议在合同中考虑相关的控制机制和条款设计。二是关于总投资控制。合同约定"除非本合同另有明确规定,初始总投资为乙方完成本合同下建设期内所有义务以及应对相关风险的全部成本、费用和一切税费"。建议慎重考虑本条款的设计,以及与本合同其他条款之间的关系。三是关于监理控制机制。四是项目合同约定。在合同签订后制定相关的招标采购管理办法、工程变更管理办法等办法和规定,进而约定相关的事项,建议需要在合同中先行明确此类办法的主要原则和核心内容,否则后期将会难以协调。五是关于保险。合同约定,"运营期,本项目应投保险包括财产一切险、第三者责任险、环境责任险及其他必要险种"。建议进一步评估测算上述保险的成本。六是关于公司治理结构。同时在项目公司治理结构中,设置相应的股东会、董事会的一致通过事项以及特定事项否决权进行实现。

在对公司章程中的评审中,对文件原有内容进行了调整和修订补充,对部分条款的文字表述进行调整,并对部分条款中可能存在的不合理或潜在漏洞提出了修改意见。

三 案例结果

滁宁铁路作为推进滁州与南京一体化发展,加强皖江城市带北翼与长三角的联系的重要纽带,在未来滁州经济发展和腾飞的过程中扮演着十分重要的角色。中国投资咨询作为滁宁铁路一期工程PPP项目实施方案的评审咨询机构,为客户提供了专业服务和评审报告,通过对滁州至南京城际铁路(滁州段)一期工程PPP项目的实施方案及采购文件(含项目合同)等内容的研究,从滁州市人民政府的角度审慎分析实施方案及采购文件(含项目合同)的合理性,为政府决策提供参考,为项目的顺利落地和快速推进提供支持。

（一）认真研读分析，打好评审工作基础

评审工作的出发点，在于对已有的相关项目文件进行系统性的消化和把握，这就要求评审方要具有较强的分析能力和快速学习能力，可以在较短的时间内对项目整体进行通盘把握，并对重点领域和问题进行深入理解，只有这样才能更好地对接相关业务部门，为下一步的评审工作打好基础。

中国投资咨询项目小组通过对项目审批文件、PPP项目实施方案、物有所值评价报告、财政承受能力论证报告、采购文件（含PPP项目合同草案）、PPP项目综合信息平台的录入信息及其他咨询过程性成果文件等项目相关重大文件的收集与仔细研究分析，抓住评审工作中的两大重点，在较短的时间内对项目工程和相关文件有了较为充分的认识和把握，为顺利完成评审工作奠定了基础。

（二）严格遵规守法，降低潜在风险

评审工作的核心，在于为客户提供专业的咨询意见，针对项目文件中可能存在的问题进行修订，从而提升文件整体的解释力和指导力，为项目工程的顺利实施创造有利条件。这就要求评审方一方面要对相关法律法规和指导意见相当熟稔，并能够结合实际，严格遵循法规意见，对文件进行全面检查，找到潜在的风险点和漏洞，保障项目的顺利实施；另一方面要有丰富的实务经验和业务经历，能够将理论和实际相结合，从项目的实际情况出发，提出可行性较强的修改意见和建议。

中国投资咨询项目小组依照已有相关项目文件和以往相关项目经验，严格遵循国家层面出台的各类法规文件和制度规定，并结合项目进展的实际情

况，对滁宁铁路PPP项目的实施方案、PPP项目合同和招标文件进行了全面、深入和完整的解读与剖析，并在此基础上提供了相关的意见和建议。

四 案例评述

中国投资咨询作为滁宁城际铁路一期工程PPP项目的评审咨询机构，在项目进入采购阶段后，为客户提供专业服务和咨询方案，协助政府方和编制单位、世界银行、各政府部门和潜在投资人进行多轮接洽，对实施方案、采购文件、PPP项目协议和公司章程提供了多轮意见，通过对实施方案、PPP项目合同和招标文件中年度可行性缺口补助公式的分析、绩效考核的问题分析、风险分配的问题分析、提前终止补偿的问题分析、保险的问题分析、公司治理结构的问题分析等，夯实了政府和社会资本双方的合作基础。

2018年12月，滁宁城际铁路一期工程PPP项目在滁州正式签约。政府方与社会资本方即中国中铁股份有限公司、中铁四局集团有限公司、中铁浙江投资发展有限公司、中国铁建投资集团有限公司、中铁建投资基金管理有限公司、中铁十二局集团有限公司组成的联合体本着合作共赢、互惠互利的原则，项目成功落地。

（一）加强内力，提供更加优质的评审服务

评审工作的目的，在于帮助客户对已有相关文件进行全面的合法合规性检查，并对存在的问题提出意见和对应修改建议，这对评审咨询机构的研究能力和分析问题的能力都提出了较高的要求，分析能力是咨询机构的"内力"，也是做好研究和工作最为重要的能力。

这里的分析能力具体来说可以分成两部分：一是对客户提供的原始文

件的分析能力，需要在较短的时间内对项目实施方案、项目合同等重大核心文件进行全盘、细致的梳理和把握，从而能够发现问题和潜在的风险点；二是对国家出台的相关政策和法律规章制度十分熟悉并具有较强的实际应用能力，只有真正做到和相关权威文件一一对照，才能真正发现客户文件中不合规、解释力薄弱的部分，才能更好地由问题导向出发提出修改意见，从而提升文件整体的解释力和指导力，为项目工程的顺利实施创造有利条件。

（二）视角切换，以评审工作契机为日后业务开展打好基础

评审工作的开展为我们提供了一个全新的视角，从第三方的角度去看待和考察PPP项目相关文件在编制过程中的全面性和完整性是否足备。所谓"不识庐山真面目，只缘身在此山中"，在自己开展的项目和业务中，由于所处环境和身份的固定，公司在项目实施方案或其他文件的编纂中可能存在着一些被忽略的问题，陷入一定的思维定式。

此次评审工作不仅旨在为客户提供审慎专业的评审咨询服务，为政府决策提供参考，为项目的顺利落地和快速推进提供支持，同时也为我们对以往开展的业务进行自省提供了契机，要将此次评审工作中积累的各项经验，与过去开展的业务中可能存在的问题一一对照，发现潜在的风险点，以评审工作的契机为日后相关自有业务的开展打好基础，力争为客户提供更好、更优质的服务体验与工作成果。

（三）多渠道整合社会专业资源，保证评审服务质量

滁宁铁路作为滁州积极对接南京实现一体化发展的重要纽带与抓手，其项目实施与开展得到了滁州市人民政府的高度重视，而我司针对该PPP

项目一期工程的评审工作也得到了滁州市政府的大力支持。具体项目推进过程中，在仔细研究和通盘考察项目相关文件和具体实际情况的基础上，项目团队积极联系并整合了多个渠道与社会资源，同铁路行业相关的律师、财务专家、建设专家、运营专家等高质量人才进行了多轮沟通，在确保评审工作进度和质量的同时，为政府方提供了优质、科学、合理、可行的PPP项目评审咨询服务。

案例五
天台小学飞鹤山校区及飞鹤幼儿园新建PPP项目

周 伟 徐晓维

摘 要：

天台小学飞鹤山校区及飞鹤幼儿园新建PPP项目（下简称"本项目"）是天台县为切实解决幼儿教育阶段学生入学难的问题而进行的一项重点民生项目。中国投资咨询有限责任公司（以下简称"中国投资咨询"）为本项目提供了全流程PPP项目咨询服务，在推进工程中克服了政府和社会资本方风险边界划分、财政支出压力与政府方介入项目深度难以平衡、项目投资回报机制确定困难等诸多困难，最终协助天台县人民政府与由浙江立成房地产开发有限公司、上海爱绿教育管理咨询有限公司和浙江省一建建设集团有限公司组成的联合体成功达成合作，实现本项目的顺利落地。本项目的成功运作对天台县教育民生领域投融资模式创新、强化天台教育设施保障、完善城市功能具有重要意义，同时为国内校园领域以运营为核心的PPP项目在投资回报机制的设计上提供了宝贵的项目经验。

一 案例背景

（一）基本项目信息

项目时间：2018年10月至2019年3月

项目发生地：天台县城东区 C5-0-2 地块处

项目总投资：12153万元

项目建设内容：（1）飞鹤幼儿园。幼儿园建设规模及内容参照《托儿所、幼儿园建筑设计规范》（JGJ 39-2016）及《普通幼儿园建设标准》（DB33/1040-2007），幼儿园按办学15个班考虑，平均每班人数按30个人考虑，共可容纳450人。周边相配套的小区较为高档，考虑环境的舒适度及与周边小区相融，地上建筑面积确定为6108平方米，容积率0.81，建筑密度28%，绿地率35%。飞鹤幼儿园致力打造一所高端现代化的幼儿园，最低按照浙江省一级幼儿园标准开设课程、配备教育教学设备以及师资队伍。（2）天台小学飞鹤山校区。小学建设规模及内容按照浙江省工程建设标准《九年制义务教育普通学校建设标准》完全小学Ⅱ类计算，根据实际情况规划用地面积19500平方米，虽然不能满足九年制义务教育普通学校建设Ⅱ类标准，但是用地情况受到地块使用面积等多种因素的影响限制。按照Ⅱ类标准36个班生均建筑面积7.97平方米，共需要校舍面积12907平方米；另按照教职工100名，全部配备汽车考虑，按照30 m^2/辆的建筑面积，共需要3000平方米；学生按50%配备自行车，自行车按1.5 m^2/辆的建筑面积，共需要1215平方米；看台、主席台建筑面积400平方米；连廊、大门、等候区建筑面积1280平方米，建筑总面积共18802平方米,容积率0.99,建筑密度20%,绿地率35%。天台县人防办根据《中华人民共和国人民防空法》,要求本项目建防空地下室,结合项目现状及地块情况,拟定本项目建防空地下室2600平方米。

(二)项目背景

中央实施教育强国战略,为教育发展提供了新的机遇。随着人民群众生活水平提高、消费结构和教育观念的变化,社会对教育的需求向高层次、高质量和多样化的方向发展。随着城镇化进程的加快,人口加速向城镇转移,城镇独生子女学龄人口所占比重逐步提高,劳动年龄人口数量持续上升,必须加快建设学习型社会的步伐。学龄人口的变化,人口在城乡和区域的分布格局改变,对教育发展的规模、结构、形式与层次提出了新要求。

原天台小学校区所在区域集聚人口数量庞大且就学压力激增,原有的校舍及设备已经无法满足日益增长的就学需求。这不仅影响全国义务教育优质均衡发展县和省教育现代化县创建,也与周边的高档住宅小区不相匹配。

为了贯彻党中央、国务院政策精神,同时结合天台县实际情况,天台县人民政府拟采用PPP模式实施本项目,中国投资咨询作为PPP项目全流程咨询机构,成功协助天台县人民政府引入了由浙江立成房地产开发有限公司、上海爱绿教育管理咨询有限公司和浙江省一建建设集团有限公司组成的联合体,历时6个月实现项目的顺利落地。

本项目作为天台县第一个教育类项目,对改善天台县办学条件,扩大招生规模,同时对促进天台县教育和谐健康发展,充分保障人民群众享受优质教育资源的权利,具有十分重要的战略意义和先导作用。

二　案例事件及过程

（一）项目识别和准备阶段

1. 物有所值评价和财政承受能力论证

中国投资咨询项目小组运用物有所值评价体系，从该项目全生命周期角度出发，主要采用定性分析模式分别对政府与社会资本合作的 PPP 模式和政府传统主导模式下的全生命周期整合程度评估、风险识别与分配评估、绩效导向与鼓励创新评估、潜在竞争程度评估、政府机构能力评估、可融资性评估及补充评估（项目预期使用寿命长短、全生命周期成本测算准确性、运营收入增长潜力）等七大类指标进行对比分析和评价，进而判断采用 PPP 模式后能否提高项目的服务质量和运营效率，或者能否降低项目成本，实现公共资源配置利用效率最优化。采用定量模式分析比较 PPP 项目全生命周期内政府方净成本的现值（PPP 值）与公共部门比较值（PSC 值），判断 PPP 模式能否降低项目全生命周期成本。财政承受能力方面，该项目合作期内单个项目与全部 PPP 项目政府支出责任所占当年财政一般公共预算支出的比例均在 10% 以内，符合《政府和社会资本合作项目财政承受能力论证指引》所提出的"每一年度全部 PPP 项目需要从预算中安排的支出责任，占一般公共预算支出的比例应当不超过 10%"的要求。

经过县财政局和本项目行业主管部门的审查，本项目的物有所值评价和财政承受能力论证的结论均为"通过"。

2. 实施方案

项目团队与项目实施机构、天台县财政局进行了多轮深度讨论，明确政府方对项目的具体需求；与此同时，项目团队联合并组织专家开展了多轮专题研讨，逐条斟酌方案条款，同步展开和潜在社会资本的多轮对接，充分了解社会资本的诉求。

主要核心内容体现在以下几个方面。

(1) 回报机制的设置

回报机制的设置是项目团队在实际推动项目过程中面临的最大难题，同时也是项目成败与否至关重要的一个方面，在回报机制的搭建过程中，项目团队兼顾政府方和社会资本方的诉求，结合项目实际情况进行了全面分析。

根据财政部《关于印发政府和社会资本合作模式操作指南（试行）的通知》（财金〔2014〕113号），在PPP项目中"社会资本取得投资回报的资金来源，包括使用者付费、可行性缺口补助和政府付费等支付方式"，项目具体的回报机制则是由项目自身的经营属性所决定。使用者付费是指最终由消费用户直接付费购买公共产品和服务；可行性缺口补助，是指使用者付费不足以满足社会资本或项目公司成本回收和合理回报，而由政府以财政补贴、股本投入、优惠贷款和其他优惠政策的形式，给予社会资本或项目公司的经济补助；而政府付费则指政府直接付费购买公共产品和服务。

本项目合作期较长，咨询团队为本项目的回报机制设置了动态调整机制，具体包括以下几方面：根据经审计的项目总投资调整；根据绩效考核结果调整；基准利率变动调整；学费调整机制等。

(2) 运营模式的设置

教育类PPP项目大致有三种运营模式。①项目公司将项目运营权完全委托给学校，由学校负责核心教育和后勤服务。②项目公司代收学杂费、住宿费等。该种模式极大地扩展了项目公司的经营性收入来源，但是项目公司代收学校收入仍存在法律风险，且侵犯公共利益的风险亦因此扩大。

③项目公司负责非核心教学的运营,包括食堂及超市的运营、物业服务(包括学校日常保洁服务、安保服务、绿化养护服务)、项目设施维修维护。该种模式贴合教育类 PPP 项目的实际,运营服务内容分为核心教学部分和非核心教学部分,便于学校教学与运营管理。

在天台小学飞鹤山校区及飞鹤幼儿园 PPP 项目的运作过程中,咨询团队结合项目实际,听取政府方合理意见,协助政府方分析各种模式优劣,最终选择采用第一种模式和第三种模式进行运作,由项目公司负责本项目的投资、建设、运营维护及移交(其中飞鹤幼儿园为民办幼儿园,由项目公司自主经营、自负盈亏;天台小学飞鹤山校区为公办小学,校区的保洁、绿化工作由项目公司负责)。合作期内,幼儿园按规定办园学额招生情况下,连续读满三年及以上的学生,若天台小学飞鹤山校区满足学区内户籍生就读后仍有空余学额的,享有入学天台小学飞鹤山校区的权利。

(3)超额分配机制的设置

本项目合作范围内,飞鹤幼儿园为民办幼儿园,由项目公司自主经营、自负盈亏。

超额年度息税折旧摊销前利润 = 某一运营年实际年度息税折旧摊销前利润 − 某一运营年测算基准值

其中,某一运营年实际年度息税折旧摊销前利润(EBITDA)由政府方自行审计或由政府方指定的第三方专业机构审计的财务报表为准。测算基准值为某一运营年投标人中标年度息税折旧摊销前利润。

项目超额收益分配按差额定率累进法计算(见表1)。例如,某一运营年超额年度息税折旧摊销前利润超过该年度基准测算值210%,政府方超额收益率计算如下:(30% − 10%)× 30% +(50% − 30%)× 50% +(200% − 50%)× 60% +(210% − 200%)× 80%。

表1　政府与项目公司超额年度息税折旧摊销前利润分成比例

单位：%

某一运营年超额年度息税折旧摊销前利润	政府方分成比例	项目公司分成比例
不超过该年度基准测算值10%的金额	0	100
超过该年度基准测算值10%(不含)至不超过30%（含）的金额	30	70
超过该年度基准测算值30%(不含)至不超过50%（含）的金额	50	50
超过该年度基准测算值50%(不含)至不超过200%（含）的金额	60	40
超过该年度基准测算值200%（不含）的金额	80	20

超额分配机制的设置，使本项目下项目公司经营收益在一定合理范围内，符合PPP的初衷。

（二）项目采购阶段

1. 编制PPP项目合同及采购文件

在本项目的实施方案经天台县人民政府审批同意后，中国投资咨询项目小组立即展开PPP项目合同及采购文件的编制工作，严格按照项目计划落实项目进度。

首先，天台县政府方希望中标社会资本能够为天台小学飞鹤山校区及飞鹤幼儿园新建工程提供完整的投融资、建设、运营维护以及相关的配合服务，需要较为丰富的学校建设和运营管理经验。因此，社会资本资格条件设置为具备运营资质、业绩经验、投融资能力；同时，中国投资咨询项目小组也采用综合评分法从多个方面对社会资本进行评判。

根据《关于印发〈政府和社会资本合作项目政府采购管理办法〉的通知》（财库〔2014〕215号），"PPP项目采购方式包括公开招标、邀请招标、竞争性谈判、竞争性磋商和单一来源采购"。本项目核心边界条件和技术经济参数明确、完整，符合国家法律法规和政府采购政策，符合公开招标采购情形。为提升项目竞争力，保证项目吸引到资金实力雄厚、项目管理经验丰富的社会资本，保障项目建设质量，降低项目运营成本，公司项目小组确定本项目采用公开招标的采购方式。

2. 组织采购及确认谈判

鉴于 PPP 项目参与方利益诉求的天然差异，再加上本项目的客观复杂情况，过程中不可避免会出现谈判"僵局"。双方谈判的分歧点主要集中在边界合作条件的设置上，例如在绩效考核机制的设计上，基于对风险承担的锁定，社会资本方对绩效考核机制的理解认为合作期内是固定不变的，政府方的理解认为合作期内应以国家、省出台标准为准进行调整。项目小组努力促成双方对本项目的绩效考核机制达成原则性共识，在机制设计上做了必要的完善，约定在充分征求社会资本方的意见基础上，制定了本项目绩效考核办法，既确保了政府方对项目公司的服务质量和效率进行有效监管，又发挥了项目公司在考核机制设定方面的主观能动性，更具有实操性。

三 案例结果

中国投资咨询作为天台小学飞鹤山校区及飞鹤幼儿园新建项目 PPP 项目的咨询机构，全程为客户提供专业服务和咨询方案，协助政府方为该 PPP 项目设计合理的运作方式、风险分配框架、项目边界条件、权利义务边界、交易条件边界、履约保障边界、调整衔接边界，搭建有针对性地回报机制、投融资结构，选择合适的采购方式，夯实了政府和社会资本双方的合作基础。

2019 年 4 月，天台小学飞鹤山校区及飞鹤幼儿园 PPP 项目在天台县正式签约。政府方与社会资本方即由浙江立成房地产开发有限公司、上海爱绿教育管理咨询有限公司和浙江省一建建设集团有限公司组成的联合体本着合作共赢的原则，项目成功落地。

（一）克服困难，确保项目顺利落地

一方面，天台县政府方希望中标社会资本能够为天台小学飞鹤山校区及飞鹤幼儿园新建工程提供完整的投融资、建设、运营维护以及相关的配合服务，由于与学校相关的运营管理专业性较强，市场上满足这一条件的潜在社会资本方较少；另一方面，PPP项目投资回报率不高，工程利润较少，导致社会资本参与热情不高。

项目团队对市场上相关的PPP项目进行了深入细致的分析，从项目概况、运作方式、中标社会资本情况、补贴模式、社会资本投资回报率和调价机制等核心方面着手，协助政府方和潜在社会资本方充分沟通，在保证合法合规的同时，针对项目的核心边界条件，反复研究、商酌，最终确保了项目顺利签约。

（二）整合社会资源，优化政府风险分配

本项目通过采用政府和社会资本合作模式（PPP），可拓展项目建设的融资渠道，形成多元化、可持续的资金投入机制，有利于整合社会资源，激发投资活力，提升经济增长动力，促进经济结构调整和转型升级，通过合作期内按年支付项目的可行性缺口补助形式，平滑了各年度财政支出责任，可有效提高天台县财政资金的杠杆作用，利用有限的财政资金增加公共设施供给。此外，PPP模式要求在政府和社会资本之间实现风险合理共担，其中项目市场风险、工程建设风险等将主要由社会资本方承担，这将有效降低天台县政府承担的风险。

四 案例评述

(一) 明确双方合作边界，统筹界定项目公司运营职责

目前大部分教育类 PPP 项目采取的模式为社会资本方投资学校基础建设、提供相关非核心内容运营服务（如教学楼维护）；政府方保留提供学校核心部分服务，如教学。考虑到本项目中包括飞鹤幼儿园和天台小学飞鹤山校区两个子项目，若项目公司盈利点仅包含餐饮住宿，收入有限，最终学校建设成本及运营成本大部分还是以政府支付可行性缺口补贴形式转嫁到政府方，因此从减少政府付费角度出发，可考虑将部分专业化服务收入在合理合法条件下流入项目公司。而招标门槛条件中联合体包括财务投资人、施工单位及教育运营商，无法将教育运营商的教育运营能力发挥出来。

本项目兼顾两方面诉求，最终项目公司负责的运营范围为天台小学飞鹤山校区的保洁、绿化工作，飞鹤幼儿园由项目公司自负盈亏、自主经营。这样，一方面政府方向项目公司购买专业化服务，使用者付费流入项目公司，合法合理条件下增加了项目公司使用者付费收入，另一方面通过引入教育运营商购买到了专业的服务。

(二) 突出可行性缺口补助投资回报机制设计，兼顾双方利益诉求

在实操项目过程中，项目团队为了确保政府方和社会资本方的顺利合

作，从项目实际情况出发，设计了合理的风险分担机制和超额利益分配机制，在社会资本方的经济利益和政府方的公共利益中寻找有效的平衡点。一方面，项目小组根据财政部《PPP项目合同指南（试行）》，在政府和社会资本之间合理地分配项目风险，明确了双方需要各自和共同承担的风险边界；另一方面，在尊重风险收益对等原则的基础上，结合项目公司作为运营责任主体在运营期内获得的学费收入与其他相关的业务收入难以覆盖投资成本并使社会资本获取合理利润回报的现实情况，项目小组确定由政府给予一定的可行性缺口补助以保障社会资本收回项目投资成本并获取合理回报。

（三）设置合规合理的社会资本方选择方式，确保双方顺畅合作

天台县政府方希望中标社会资本能够为天台小学飞鹤山校区及飞鹤幼儿园新建工程提供完整的投融资、建设、运营维护以及相关的配合服务，需要社会资本方拥有较为丰富的学校建设和运营管理经验。由于与学校相关的运营管理专业性较强，且涉及项目下飞鹤幼儿园的教职工的统一招聘、管理，对社会资本以往参加相关业务积累的经验和资源要求较高，市场上满足这一条件的潜在社会资本方较少，因此，社会资本资格条件设置为具备运营资质、业绩经验、投融资能力；同时，中国投资咨询项目小组也采用综合评分法从多个方面对社会资本进行评判。同时，本项目核心边界条件和技术经济参数明确、完整，符合国家法律法规和政府采购政策。为提升项目竞争力，保证项目吸引到资金实力雄厚、项目管理经验丰富的社会资本，保障项目建设质量，降低项目运营成本，项目小组确定项目采用公开招标的采购方式。

（四）多渠道凝聚社会专业资源，保证 PPP 项目实施的质量

天台小学飞鹤山校区及飞鹤幼儿园 PPP 项目形成了"天台县人民政府明晰授权，各委办局积极参与，天台县教育局具体执行，咨询方全力协助"的 PPP 实施局面，在较短的时间内，先后完成了该项目"两评一案"评审、项目入库、资格预审、招标等工作，并最终顺利完成社会资本招标和合同谈判。在具体项目推进过程中，项目团队与轨道交通行业的律师、财务专家、建设专家、运营专家等高质量人才进行了多轮沟通，确保项目进度和质量的同时，为政府方提供了优质、科学、合理、可行的 PPP 咨询服务。

案例六
贵州施秉县城和乡镇污水（含管网）一体化 PPP 项目

彭　程

摘　要：

贵州省黔东南苗族侗族自治州施秉县为中国投资有限责任公司（以下简称"中投公司"）和中国建银投资有限责任公司（以下简称"中国建投"）定点帮扶的贫困县。2017年初，中国投资咨询有限责任公司（以下简称"中国投资咨询"）积极响应集团号召，发挥自身特长优势，开始在施秉县开展PPP项目培训及后续服务交流，最终确定以施秉县县城和乡镇污水处理工程为重点实施项目，并于2018年成功帮助项目完成采购，签约社会资本。自项目落地以来，中国投资咨询持续跟进项目进展，协助地方政府和业主单位进行协议谈判、技术论证、风险提示等工作，在项目进行内容和设计调整后，克服困难，继续开展帮扶工作，为实施机构重新编制项目"一方案两报告"，并推进后续工作。

一 案例背景

（一）区域背景

施秉县东邻镇远、北壤铜仁石阡县，南连台江县可达广西、东南与剑河县相邻，西面与遵义地区余庆县交界，县城距州府凯里市78公里，距省会贵阳市230公里，总面积约1543.8平方千米，辖5镇3乡，人口约15.6万，县境内居民计有苗、侗、布依、汉等13个民族。施秉县三面环水一面环山，与外部的交通连接相对滞后，人均GDP低于国内平均水平，属于我国西南地区较为典型的贫困地区。

就当地污水处理的现状而言，施秉县县城老城区目前已新建完成的道路，尚无配套的市政污水管网，县城西北正在开发的区域，亦无配套的污水管网。施秉县县城经济的发展和人口的增加，必然带来污水量的增加，需要扩建现有的污水处理厂并铺设配套的污水管网。

施秉县下辖的几个乡镇中，甘溪乡、白垛乡、马溪乡、杨柳塘镇、双井镇及马号乡村域内雨水、污水经路边明沟或暗沟就近排入水体，污水未经处理而直接排放对水环境造成污染。牛大场镇排水基础设施建设落后，污水渗漏严重，大多数排污沟断面不合理，雨季堵塞，致使排水不畅，局部地区受涝，污水未经处理直接排入黑洞河，导致局部河段污染严重。以上问题严重影响施秉县县城和乡镇的容貌和居民的生活环境，产生水资源安全隐患。

因此，施秉县现阶段亟须改善县城和乡镇的污水收集系统，提高污水收集率，并进一步扩建污水处理厂，实现雨污分流，以保护当地的水环境和水资源。污水处理工程的实施同时可以提升施秉县县城和乡镇的环境质量,提高居民的生活水平,保障居民的健康水平,改善投资环境,促进经济效益、环境效益、社会效益同步提升。

(二)政策背景

2015年国务院发布的《水污染防治行动计划》中提出须强化城镇生活污染治理,加快城镇污水处理设施建设与改造,现有城镇污水处理设施,要因地制宜进行改造,2020年年底前达到相应排放标准或再生利用要求。另外,应加快农村环境综合整治,以县级行政区域为单元,实行农村污水处理统一规划、统一建设、统一管理,有条件的地区积极推进城镇污水处理设施和服务向农村延伸。同时应全面加强配套管网建设,强化城中村、老旧城区和城乡接合部污水截流、收集。2017年财政部、住房城乡建设部、农业部、环境保护部联合发文,要求对于符合全面实施PPP模式条件的各类污水、垃圾处理项目,政府参与的途径限于PPP模式。政府与社会资本间应签署PPP项目协议,明确权益分配和风险分担机制。通过全面实施PPP模式,有力提升污水、垃圾处理能力和项目管理水平。区域流域环境治理总体方案内、外,以及城市、农村的污水、垃圾处理工作得到有效统筹协调,并同生态产业及循环经济发展、面源污染治理有效衔接。

二 案例事件及过程

(一)前期培训与准备

自2011年起,中投公司开始实施对施秉县的对口帮扶,中国建投作为中投公司直管企业具体执行帮扶工作，几年来对施秉县的发展需求进行了细致的分析与整理，并充分调动集团内部资源，为施秉县的扶贫脱贫、基础设施建设、产业转型发展等多方面提供了巨大的帮助。

2017年初，中国投资咨询利用自身在PPP咨询方面的丰富经验，开始以智力帮扶的形式，积极参与到对施秉县的扶贫工作当中。同年3月，公司领导带领项目团队前往施秉调研，并为施秉县人民政府及财政、发改等主要部门提供PPP政策宣讲、案例培训和问题解答等服务，就党和国家的最新政策方针、PPP模式的构建思路、项目实施的具体办法等与当地主要负责单位和负责人进行讨论沟通。公司同时派出经验丰富的业务团队深入施秉县当地调研，与地方政府、主要行业部门充分交流和沟通，梳理地方各类项目实施的清单，讨论各类基础设施项目的实施可能性和实施框架，最终确定了施秉县城及乡镇污水处理工程PPP项目作为精准扶贫的核心项目。

（二）项目落地

为了保障项目的顺利实施和落地，投资咨询团队组建了一个在水务、金融、财务等相关领域具备丰富经验的项目团队，深入施秉县当地负责项目的全流程咨询工作。

项目团队基于现有情况和当地的中长期规划，并与业主充分沟通交流之后，明确了项目的建设内容与实施边界，随即开始着手"两评一案"的编制工作。首先，项目同时包含了存量资产和新建项目两个部分，需要在资产权属和回报机制方面分别考虑；其次，项目同时涉及施秉县县城及其下辖的乡镇，跨越行政层级，建设地点分散；最后，实施内容均同时包含污水处理设施和污水收集管网，从资产权属、工程属性、建设标准到财务模型、收费计价、绩效考核，这两者均有显著差别。复杂的项目实施内容对项目团队提出了很高的技术要求。在工程可行性的基础上，项目团队反复测算不同方案,最终确定了符合业主需求的运作模式和符合当地财政状况的交易结构,并得到了市场测试的反馈验证。

在采购环节,项目团队为保证合同条款具备完整性、合理性和可操作性,并在可预见的未来一段时间跨度内具有前瞻性,制定了自上而下、从宏观到具体的编写步骤,整理、罗列出项目合同的宏观框架,然后就框架间的逻辑关系、主体间的法律关系、条款设定产生的影响进行逐一分解。在完善的框架和严密的逻辑之下,完成项目合同的全部内容。在完成项目招标采购后,项目团队仍然紧密跟踪项目谈判的整个过程,最终保证了项目在2018年签约落地。

(三) 项目调整

2019~2020年,项目进入建设阶段。基于宏观经济环境和施秉县的发展需要,政府方对项目原有规划和设计方案进行了修订。同时,PPP项目和PPP合同约定的实施内容、边界条件、建设周期、计价回报等条款都需要进行同步调整。在PPP项目普遍进入执行阶段后,这一现象并不少见,但如何对已经在建的项目进行妥善保护和处置、在技术层面满足新出现的调整需求、在法律层面合法合规保护各方利益,却并不容易。

项目团队秉承着帮扶到底、服务到家的原则,持续对该项目进行咨询服务。经过与项目主管部门、实施机构的沟通,根据项目最新的可行性研究报告和实施需求,决定按照实施机构的要求,对项目原"两评一案"进行调整和更新,并协助实施机构与项目公司、社会资本进行沟通谈判。

2020年,项目团队完成了"两评一案"的重编工作,主要调整了两个方面的内容。一是项目投资变化产生的财承、水价等投资数据变更;二是结合最近的PPP项目经验,对原方案中绩效考核、物有所值等内容进行了加强,为下一阶段的合同调整奠定了良好基础。

三 案例结果

本项目的部分实施方案和成果如下。

（一）项目产出说明

施秉县县城污水处理厂二期工程建成后，配合施秉县县城污水处理厂一期工程，大幅提高了整个施秉县县城的污水处理能力。项目服务范围内每年排放入潕阳河水体的主要污染物质大幅减少，排入潕阳河水体的污水得到有效控制，一定程度上解决了潕阳河的污染问题，有效改善水环境质量和县城的环境卫生。

施秉县乡镇污水处理工程将在各乡镇建设污水处理厂，并配备建设污水管网，结合镇区排水分区，根据发展时序分近远期建设，污水通过管网送至镇区污水厂集中处理达标后排放。乡镇污水处理工程的建设解决了镇区污水未经处理直接排放导致水体污染的问题，有利于保护镇区的水体质量和水体环境，同时解决了镇区雨涝灾害的问题，提高了镇区居民的居住环境质量，有利于塑造乡镇形象，吸引投资，促进经济及旅游业的发展。同时，本项目的建设，可改善投资环境，使工业企业不会再因水污染而影响发展，进而吸引更多的内外投资者，促进城市经济健康和谐发展。因此，本项目是把施秉县建设为一座风景优美、经济繁荣、社会稳定、生活方便的旅游城市和生态宜居城市至关重要的基础设施项目。

（二）项目运作模式

根据财政部《关于印发政府和社会资本合作模式操作指南（试行）的通知》（财金〔2014〕113号）、《国家发展改革委关于开展政府和社会资本合作的指导意见》（发改投资〔2014〕2724号）等相关政策文件的规定，PPP项目的具体运作模式包括BOT（建设—运营—转让）、BOOT（建设—拥有—运营—转让）、TOT（转让—运营—转让）、ROT（改扩建—运营—转让）、DBFO（设计—建设—融资—运营）、委托运营、管理合同等。政策鼓励各地根据当地实际情况和项目特点，积极探索，大胆创新，通过建立合理的机制，灵活运用多种PPP模式，增强对社会资本的吸引力，提高项目的运作效率。

结合施秉县当地的特色和本项目的具体情况，本项目的运作模式选择综合考虑如下因素：

其一，从项目的建设内容上出发，主要分为存量（已建成）和新建（待建设）两个部分，需要进行资产的移交处置；

其二，从项目的运营内容上出发，主要分为污水处理厂（以运营为主）和乡镇管网（以维护为主）两个部分，需要分开予以考量；

其三，从项目的属性上出发，污水处理项目具有较强的公益和社会民生属性，在我国类似污水处理、供排水、天然气等市政行业均广泛采用特许经营的模式，即政府方通过签约，将特定范围内经营、维护的权利交给具有相关专业能力的社会资本方，但基础设施并不交付社会资本长期"拥有"，其最终所有权仍归属政府方。

综上，结合污水处理行业较为成熟的运作经验，本项目拟采用如下运作方式：

其一，存量部分，县城污水处理厂一期工程采用委托运营模式；

其二，新建部分，县城污水处理厂二期工程和乡镇污水处理厂工程采用 BOT 模式（建设—运营—转让），乡镇管网工程采用 DBFO 模式（设计—建设—融资—运营）。

（三）项目交易结构与股权架构

施秉县人民政府授权指定机构与中标的社会资本方签订 PPP 项目合同，并授权其出资代表与社会资本方依法在施秉县共同成立 PPP 项目公司。在合作期内，项目公司负责本项目的设计、融资、建设、运营维护和移交工作。

在项目建设期内，项目公司需按照 PPP 项目合同约定完成全部项目设施的建设任务；政府方负责监督项目公司的设计、投资、建设工作，并提供必要支持。

在项目运营期内，项目公司负责项目的日常运营和维护保养工作；政府方需按照 PPP 项目合同的约定向项目公司支付相关费用。项目运营期届满时，项目公司需按约定方式向政府方完成项目设施的移交处置工作。

本项目的交易结构如图 1 所示。

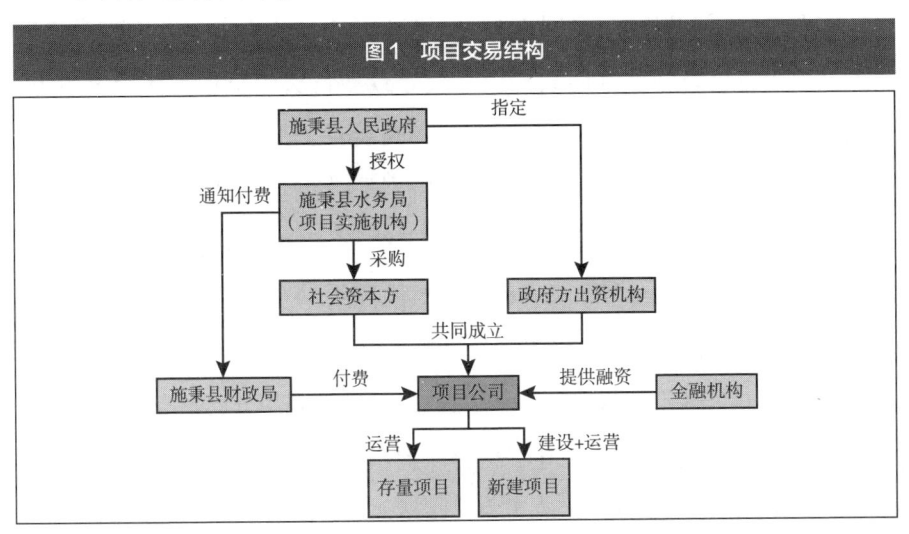

图 1 项目交易结构

本项目的项目资本金为本项目总投资的30%，项目注册资本等于项目资本金。水投公司作为政府方指定的出资方代表，出资100万元整，中标社会资本方出资补足剩余注册资本。政府出资方代表不参与项目公司的分红。

（四）项目采购成果

在项目的招标采购环节，该项目吸引了数十家实力雄厚的社会资本关注，其中资格预审环节竞争激烈。最终入围的公司中，包括贵州当地一家有名的环保类民企，及多家在内地或香港上市的上市公司。项目最终成交价格显著低于施秉县周边同类地区的同类型项目。横向比较施秉县所处的黔东南苗族侗族自治州内其他污水处理工程，28年的项目全生命周期内可为地方政府与财政节约支出超过2000万元。

四 案例评述

实践中，在PPP项目合同签约后，外部环境发生变化、合同内容不完善或其他不可抗力的外部因素，经常会导致项目实施机构、社会资本方、规划设计单位、施工单位等各方项目主体需要对PPP项目有关的融资、施工、运营等事宜进行重新协商或谈判。特别是财办金〔2017〕92号等一系列PPP新政出台后，在严格规范PPP的背景下，PPP项目再谈判已势在必行，成为政府方和社会资本都不得不面对的挑战。

参考国外的有关经验，世界银行撰写的《政府和社会资本合作（PPP）参考指南》（第3版）中提到，虽然可以通过有效利用合同本身关于项目调整机制的条款避免再谈判的发生，但再谈判仍然不可避免，了解关于开展再谈判的相关立法政策对政府有利无害；在新加坡，为实现PPP合同的有效和灵活管理，针对在合同授予时无法预见的风险，政府采购主体和PPP供应商应当设立一个管理架构，使得合同具备变化的能力，双方之间的关系也应确保足够的稳健和灵活，旨在能够积极应对未来可变的商业需求。

在我国，有专家团队对国内38个典型PPP再谈判案例进行分析后发现，引发再谈判最主要的原因包括市场需求风险、政府信用问题等，此外还有法律政策变更、民众反对、项目绩效不达标等。在施秉县项目中，由于中国投资咨询作为全程跟踪、协力推进的第三方机构，在紧跟政策、前瞻预警、实时推进等环节工作到位，因此从项目"两评一案"调整到流程申报和审批，再到项目谈判的启动，均有较为充分的准备，参与各方在咨询机构的串联下，能够准确获知项目的进展情况和己方需要完成的工作，大大加快了整个项目的协调、调整、谈判、推进。同时在2018年项目进行签约时，PPP项目合同已充分考虑到后续出现调整和谈判的可能性，通过条款约定建立了相应机制，所以当触发再谈判时，当事双方也能够根据合同事先确立的框架原则有序开展再谈判工作以灵活应对合作期内不可预见的风险，从这个角度出发，本项目的合同编制具有较高的前瞻性，保障各方能够按照合同约定的流程进行再谈判来维护自身权益的同时，通过设置一定的惩罚机制来规范双方的行为，避免投机性谈判。

另外，随着国内PPP项目实践的增加，相关投资、运营、绩效考核等方面的经验也在不断积累，回头看早期落地的PPP项目，大部分都存在一定程度的改善空间。因此2020年本项目"两评一案"修编时，除了常规的项目边界调整，亦对项目绩效考核等内容进行了完善。新设绩效考核专章，包括了绩效目标、绩效考核指标体系与考核内容两方面内容，覆盖了项目建设、运营的全生命周期。同时，为了做好与已落地PPP项目的衔接，还在实施方案中新设了后续事项专章，对项目"一案两评"变化可能引起的工期、建设变更、实施衔接等问题进行了专项说明，方便了项目实施机构与社会资本方的后续协调工作。

案例七
乌鲁木齐市河东污水处理厂及再生水项目改扩建工程 PPP 项目

牛 嘉 窦海悦 程 旭

摘 要：

生态环境部（环境保护部）对污水处理厂出水水质要求日趋严格，河东污水处理厂出水执行的《城镇污水处理厂污染物排放标准》（GB 18918－2002）二级标准已不能满足生态环境部门的要求。为减少河东污水厂污染物的排放，缓解地方政府在乌鲁木齐市河东污水处理厂及再生水项目改扩建工程（以下简称"本项目"）中财政资金的压力，中国投资咨询有限责任公司为本项目设计了PPP模式，通过引入经验丰富、实力强大的社会资本，为本项目建设筹集社会资金，缓解了当期财政压力。在项目具体操作中还设计了调价机制，在保证公共利益的同时确保社会资本能够获取合理的投资收益，并通过设计建设期绩效、运营维护绩效等考核指标以及奖惩机制，既保证了乌鲁木齐市河东污水处理厂及再生水项目改扩建工程的建设质量，又调动了社会资本高效优质建设和运营本项目的积极性。

案例七　乌鲁木齐市河东污水处理厂及再生水项目改扩建工程 PPP 项目

一　案例背景

水资源是十分重要的自然资源。人类的生命活动和生产活动无一不需用水，水是人类社会可持续发展的限制因素。

根据乌鲁木齐市的社会经济发展和人口增长情况，从人均占有水资源来看，乌鲁木齐市属于严重缺水性城市。因此，为了解决水资源紧张的问题，进行污水再生利用，节约用水，实现污水资源化，具有十分重要的意义。

乌鲁木齐市河东污水处理厂于 1992 年开始前期工作，1998 年建成投产，规模 20 万 m^3/d。2002 年开始筹备乌鲁木齐市河东污水处理厂扩建工程，规模 20 万 m^3/d，2009 年河东扩建工程通水运行。现在河东污水处理厂总处理规模达到 40 万 m^3/d。

2008 年 8 月，乌鲁木齐城市建设投资（集团）有限公司启动河东污水处理厂中水深度处理建设项目，规模 20 万 m^3/d，分两期建设。一期工程设计规模 10 万 m^3/d，于 2011 年 10 月土建施工及设备安装完成，2012 年 10 月试通水，2013 年 5 月正式通水，至 2014 年 3 月河东再生水厂一期进水量已达到设计规模；二期工程设计规模 10 万 m^3/d，于 2017 年 3 月土建施工及设备安装完成，2017 年 3 月试通水，并投入运行。

深度处理建设项目的建成实现了水资源的循环利用，节约了水资源，为乌鲁木齐市的发展起着积极的作用。乌鲁木齐昆仑环保有限公司于 2013 年启动河东再生水工程（河东再生水厂三期工程），河东再生水厂三期工程设计规模 10 万 m^3/d，至 2018 年 5 月已通水试运行。

近年来生态环境部对污水处理厂出水水质要求日趋严格，河东污水处理厂出水执行《城镇污水处理厂污染物排放标准》（GB 18918 - 2002）二级标准已不能满足生态环境部门的要求。因此河东再生水厂应及时将处理规模改扩建到 40 万 m³/d，即将河东污水处理厂出水全部进行深度处理，使出水水质提高到《城镇污水处理厂污染物排放标准》（GB 18918 – 2002）中一级 A 标准方可满足生态环境部门的要求。

结合以上因素，该市河东污水处理厂及再生水项目改扩建工程 PPP 项目的建设迫在眉睫。本项目的建设可将河东污水处理厂出水全部进行深度处理，减少了河东污水厂污染物的排放，尤其是减少了 TN 及 NH4 – N 的排放，TN 减排 8030t/a，NH4 – N 减排 5840t/a，且本项目建设完成后对乌鲁木齐市的再生水回用起到重大的作用。

二 案例事件及过程

（一）项目基本情况

该市河东污水处理厂及再生水项目改扩建工程总投资 68185.89 万元，设计处理规模 10 万 m³/d，处理工艺采用 AO + MBR 膜池，出水采用次氯酸钠消毒及臭氧脱色，设计出水水质标准执行《城镇污水处理厂污染物排放标准》（GB 18918 – 2002）一级 A 排放标准，项目已于 2020 年 10 月通过环保验收，11 月进入运营期开始运营。

（二）建设内容和规模

建设内容包括新建提升泵房及精细格栅间 1 座、MBR 生物池 1 座、

MBR 膜池及设备间 1 座、甲醇间及储罐 1 座、鼓风机房及变配电间 1 座、供氧站 1 座、臭氧发生间 1 座、臭氧接触池 1 座、清水池 1 座、回用水泵房 1 座、污泥浓缩池 2 座、污泥脱水机房 1 座、厂区污水泵房 1 座、热泵机房 1 座、巴氏计量槽 1 座及仪表间 1 座。

（三）建设运营模式

本项目采用 PPP 模式中的 BOT 方式实施。PPP 项目中，政府方出资不是法定责任，政府方持有项目公司股权也非必须监管方式，政府方可选择委托政府出资代表进行股权出资，也可以直接以财政补贴、补助等方式支持项目。但鉴于本项目为传统公用事业项目，政府方基于以往项目经验，对项目运作情况容易了解，在项目实施过程中，政府方出资有利于扩大政府方的知情权，提供除绩效考核外的多方位监管渠道，强化政府方对于项目建设运营质量、资金管理、社会影响等多方面的把控能力。此外，本项目建设要求紧迫，政府方出资还有利于提高项目实施过程中各事项的处理效率。遂设计乌鲁木齐市水务局通过公开招标方式引入社会资本，社会资本确定后与政府方出资代表共同出资成立项目公司。其中，中标社会资本出资、持股 51%，政府方出资代表出资、持股 49%，市水务局与项目公司签署 PPP 项目合同，授予项目公司投融资、建设、运营维护本项目设施权利，运营期满后将项目资产完好移交给政府指定机构（见图 1）。合作期内，实施机构负责监督、考核项目公司所提供的融资、建设、维护及运营服务，并根据绩效考核结果，按照政府付费方式向项目公司支付相关政府补贴款项。

图1 本项目交易结构图

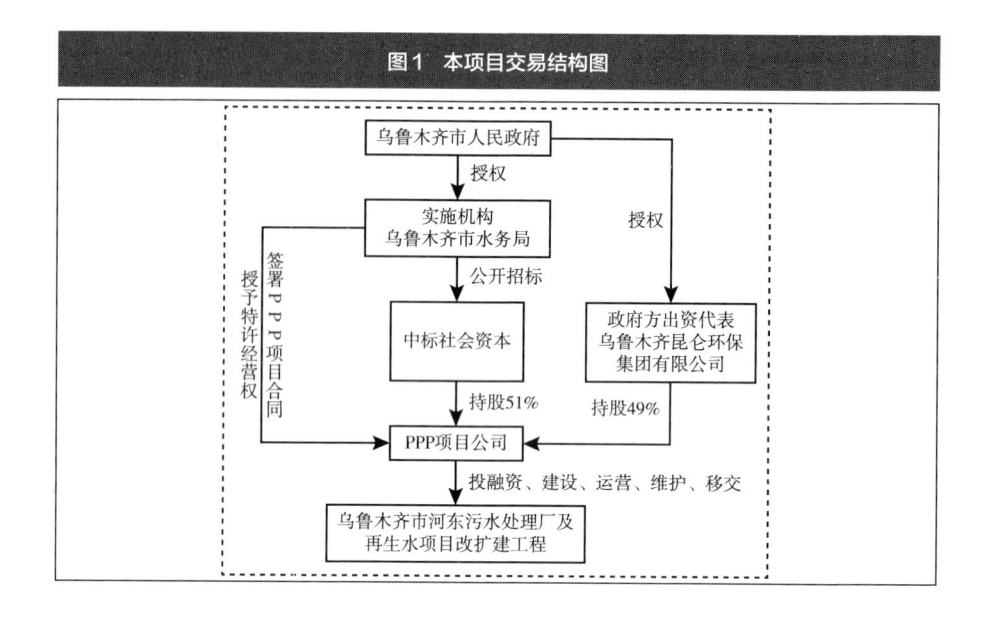

```
乌鲁木齐市人民政府
        │授权
        ▼
    实施机构                    授权
  乌鲁木齐市水务局  ─────────────┐
        │公开招标                │
        ▼                        ▼
                          政府方出资代表
    中标社会资本           乌鲁木齐昆仑环保
                          集团有限公司
        │持股51%           │持股49%
        ▼                  ▼
         PPP项目公司 ◄──────
              │
              ▼ 投融资、建设、运营、维护、移交
    乌鲁木齐市河东污水处理厂及
    再生水项目改扩建工程
```

(签署PPP项目合同／授予特许经营权)

（四）资金筹措方案

本项目资金来源包括项目公司自有资金和外部融资资金，根据《国务院关于调整和完善固定资产投资项目资本金制度的通知》（国发〔2015〕51号）的规定，本项目资本金设定为总投资的20%，剩余80%资金由项目公司负责完成融资，即资本金为项目总投资概算的20%，13637.18万元，剩余80%的资金54548.71万元由项目公司负责完成融资。

（五）回报机制

在PPP项目中，常见的付费机制主要包括以下三类：政府付费、使用者付费、可行性缺口补助。本项目采用政府付费的方式来支付项目公司建设、运营维护成本及合理的投资回报。项目公司建设完成符合本项目验收标准的公共资产以及提供本项目运营维护服务，获取政府付费收入以覆盖其建设成本、运营维护成本、融资成本以及合理回报等。政府付费数额为每年基本水量与社会资本中标污水处理服务费单价的乘积，考虑到污水处理厂污水处理量达到设计处理水量存在的阶段性，故对前三年基本水量做出安排，其中运营期前两年基本水量为设计处理水量的85%，即8.5万$m^3/d \times 365$天，第三年开始基本水量为设计处理水量的100%，即10万$m^3/d \times 365$天。

三 案例结果

乌鲁木齐市河东污水处理厂及再生水项目改扩建工程PPP项目实施方案等相关文件于2019年4月30日经乌鲁木齐市第十六届人民政府第二十三次常务会议审议通过，并于2019年5月24日取得乌鲁木齐市人民政府的批复，确定项目合作期限为27年（建设期2年，运营期25年）。

2019年7月30日，该项目在乌鲁木齐市公共资源交易中心（乌鲁木齐市政府采购中心）完成公开招标，并经采购结果确认谈判、预中标公示，确定中持水务股份有限公司、新疆市政建筑设计研究院有限公司联合体为中标社会资本，中标污水处理初始价格为4.41元/m^3（其中，资本金内部收益率6.9%）。此外，谈判确认的项目合同于2019年9月19日取得乌鲁木齐人民政府的批复。

按照PPP项目实施方案有关项目运营要求，中标社会资本——中持水务股份有限公司、新疆市政建筑设计研究院有限公司，与政府方出资代表——乌鲁木齐昆仑环保集团有限公司，于2019年9月26日完成项目公司——新疆昆仑中持河东水务有限公司（以下简称"昆仑中持"）组建注册工作，项目公司注册资本金13637.18万元（其中，昆仑环保集团持股49%，中持水务股份有限公司持股31%，新疆市政建筑设计研究院有限公司持股20%）。2019年10月30日，乌鲁木齐市水务局与项目公司即昆仑中持顺利完成《乌鲁木齐市河东污水处理厂及再生水项目改扩建工程PPP项目合同》签订工作，确定由昆仑中持负责该项目投融资、建设、运营、维护及移交等工作。

四 案例评述

（一）合理设置付费比例，确保项目稳定运行

按照财政部《关于规范政府和社会资本合作（PPP）综合信息平台项目库管理的通知》（财办金〔2017〕92号）有关要求，本项目建立与项目产出绩效相挂钩的付费机制。同时，考虑到污水处理项目运营过程中相关财务费用、药剂费用等成本需按月支出的实际情况，为保障污水处理项目稳定运行且政府付费与产出绩效相挂钩的付费机制及政府方监管得到有效落实，本项目污水处理服务费按月支付、季度考核。具体付费方式为：每季度中第一、二月的政府付费均为当月污水处理服务费的90%，第一、二月剩余10%的污水处理服务费及第三个月的污水处理服务费待该季度绩效考核结果确认后，依据绩效考核结果综合计算后支付，若依据绩效考核结果计算的该季度应付污水处理服务费少于该季度前两月已支付的污水处理费总额，则相关差额在下一季度污水处理服务费中予以扣减。即通过每月支付污水处理服务费的方式保障污水处理厂稳定运行，但政府付费与项目产出绩效全额挂钩，确保政府监管得到落实。

（二）明晰进水超标责任，保障项目合作各方合法权益

考虑到污水处理设施运营单位对于污水处理厂运营维护过程中存在的

进水水质超标风险难以有效控制，但《水污染防治法》明确规定"城镇污水集中处理设施的运营单位，应当对城镇污水集中处理设施的出水水质负责"，为进一步明晰进水水质超标责任、有力保障项目合作各方权益，采取了以下措施。一是 PPP 项目合同约定"进水中的任何一种水质指标超过本合同附件 3 规定的进水水质标准的，造成出水水质超标，乙方按照法律规定承担环保等相关责任。且乙方应于 24 小时之内通知上游污水处理单位和甲方，甲乙双方应通力合作联系各相关单位，积极采取措施，共同努力使水质达标，同时乙方仍应履行污水处理义务，努力把影响降低到最低"。政府方与社会资本方通力合作将不可避免的环境污染损失降到最低。二是 PPP 项目实施方案、PPP 项目合同引入与污水处理厂污染物设计去除能力对应的污染物去除率指标，即约定"在进水水质超标的情况下，若出水水质不达标，但当日超标项的去除率达到设计要求，则给予支付当天污水处理服务费，并纳入后续的绩效考核"，"在进水水质超标的情况下，若出水水质不达标，且当日超标项的去除率未达到设计要求，则当天的污水处理服务费不予支付"，"在出水超标情况下项目公司按照法律规定承担环保等相关责任"。通过上述约定合理界定在进水水质超标情况下污水处理设施运营单位是否勤勉尽责，并在出水水质超标但超标项污染物去除率达标的情况下支付项目公司污水处理服务费，合理补偿项目公司非自身原因造成的出水水质超标并由此产生的相关成本费用，保障项目公司合法权益，确保项目运营及合作顺利开展。

（三）各方积极履职尽责，共同创建良好污水处理环境

对于纳管企业，政府方监督其认真履行治污主体责任，督促重点排污单位依法安装使用自动监测设备，并与生态环境部门联网，监测结果与运营单位实时共享。指导监督纳管企业做好事故应急处理处置，有效防范环

境风险。政府方生态环境部门还重视与住房城乡建设、水务等相关部门的协调联动，依照相关法律法规和职责分工，加强监督管理，推动各方履行主体责任。在本项目"两评一案"、PPP项目合同等文件评审过程中，相关部门进行连评连审，建立了本项目良好的沟通协调机制。

运营企业在承接本项目前，对服务范围内的污水来源、水质水量、排放特征等情况进行了充分调研，对实际接纳的工业污水类型进行了认真调查，并对现有工艺无法处理的工业污水，积极提出相应措施以及应急预案，发现进水异常，可能导致生化等处理系统受损和出水出泥超标时，约定立即启动应急预案，向生态环境等部门报告，并积极做好污染物溯源，留存水样和泥样，保存监测记录和现场视频等。

案例八
昆明市呈贡区文体活动中心 PPP 项目

朱 磊

摘　要：

昆明市呈贡区文体活动中心项目是昆明市呈贡区"十二五"规划以来的重点建设项目，项目总投资额9.88亿元，拟建设公共艺术中心，职工、老年、青少年及妇女儿童活动中心，图书博物馆、文化档案馆、体育馆5栋公共建筑及1个地下停车库。2019年10月，自咨询团队承接项目任务以来，历经1年余，在这期间克服新冠肺炎疫情对项目沟通推进的影响，昆明市分摊地铁4、5号线财政支出责任至该区的影响，踏实认真开展咨询工作。项目推进中组织两轮专家评审，开展全社会市场测试和市场推介，陪同政府考察4地同类项目，最终实现项目成功招标，并得到社会资本强烈反馈。本文从全流程介绍PPP项目的实施过程，期望通过粗浅的经验分享抛砖引玉，为PPP项目蓬勃发展贡献一份力量。

一 案例背景

昆明市呈贡区位于云南省中部、昆明市东北部，距昆明市区34公里。根据该区的地理优势、资源优势以及功能定位，昆明市政府对呈贡区提出了构建新区现代物流、商业中心，新型工业和新兴产业发展的聚集区，初步形成以行政、教育、文化、商务、居住等功能为主的现代化新城区的要求。

本案例中，呈贡区公共文化体育基础设施薄弱，难以满足当前新区发展的建设需求。该区目前没有博物馆、体育馆、公共艺术中心，1990年建成的区图书馆面积仅1208平方米，1989年建成的区文化馆面积仅1647平方米。因此，随着该区城市功能的完善和提升，为其打造一个高品质的文体活动中心是十分必要的。

为深入贯彻落实《中共昆明市委关于贯彻落实党的十七届六中全会和省委九届二次全会精神加快建设文化强市的实施意见》（昆发〔2012〕4号）和《昆明市人民政府关于印发推进县（市）区"五馆"建设实施意见的通知》（昆政发〔2012〕86号）精神，推动呈贡区文化改革发展，加快完善覆盖城乡的公共文化服务体系的工作部署，有效推进区文化馆、图书馆、博物馆、体育馆、科技馆建设，更好地保障人民群众文化权益，满足人民群众日益增长的精神文化需求。区政府提出区文化体育场馆建设（以下简称"本项目"）的任务，分别于2017年和2018年批复通过可行性研究报告和初步设计。

本项目前期由建设单位区文体广电旅游局委托昆明市呈贡区城市投资集团有限公司（以下简称"区城投公司"）作为代建方，以政府投资模式采购选定某央企A进场施工。为避免"重建设轻运营"而无法有效满足居民需求，后期转变为以PPP模式实施，要求中选社会资本方能够从服务运营目标出发考虑深化设计及建设。中国投资咨询有限责任公司团队于2019年10月受委托进场提供咨询服务。

二　案例事件及过程

（一）项目基本情况

1. 项目投资及内容

项目由公共艺术中心，职工、老年、青少年及妇女儿童活动中心，图书博物馆、文化档案馆、体育馆5栋公共建筑及1个地下停车库组成。项目总建设用地面积71299㎡，总建筑面积114296㎡，其中地上建筑面积82738㎡，地下建筑面积31558㎡。

根据经通过批复后的项目初步设计方案，项目投资概算总额为98813.96万元，其中建筑工程51995.24万元，设备工程7533.96万元，安装工程12389.38万元，其他费用18767.89万元，预备费8127.49万元。由于本项目初期以政府投资模式实施，且项目投资概算总额已通过政府批复审核，因此项目投资概算中不含建设期利息。

2. 合作期限

本项目投资规模较大，参考现有的文化体育领域国家示范项目，结合融资落地可行性分析，为防止运营期间政府财政支出责任过重，保证政府每年的财政支出平滑连续，设计本项目的合作期为20年，包括建设期和运营期，其中建设期2年（暂定2021~2022年），运营期18年（暂定2023~2040年）。建设期与运营期分开独立计算，无论建设期提前完工或滞后完工，运营期均从项目通过竣工验收并达到项目运营条件后开始计算。

3. 投融资结构

根据《国务院关于固定资产投资项目试行资本金制度的通知》（国发〔1996〕35号）规定，电力、机电、建材、化工、石油加工、有色、轻工、纺织、商贸及其他行业的项目，资本金比例为20%及以上。资本金由项目公司股东按股权比例出资，其余资金由项目公司以债务融资方式解决。

本项目投资概算总额为98813.96万元，由政府配套投入资金、项目资本金、项目公司债务资金三部分组成，具体资金结构如下。

（1）政府配套投入资金

本项目原以政府投资模式实施，已完成包括土方、桩基础等在内的部分建设施工任务。现在本项目拟转变为PPP模式实施，根据负责项目审计的会计师事务所的前期项目资金使用情况审计报告，项目已发生土地款拨付、土方、桩基础建设等内容，累计投入项目资金9823.92万元，约占项目总投资的10%，均视为政府对本项目的配套投入，在计算可行性缺口补助时进行相应扣减。

（2）项目资本金

本项目资本金为19790.04万元，约占总投资的20%，其中政府方出资代表出资7916.02万元，约占资本金的40%，资金来源于本级政府财政资金；社会资本方出资11874.02万元，约占资本金的60%，由社会资本方以自有资金的形式自行筹集。

（3）债务资金

项目公司债务资金为69200.00万元，约占总投资的70%，由项目公司和社会资本方共同负责落实融资任务，政府及其相关部门不对项目公司的融资提供任何担保。

4. 项目运作方式

本项目属于新建的准经营性项目，综合考虑项目投资收益水平、风险分配框架等因素，本项目设计采用建设—运营—移交（BOT）的方式运作，由区文化和旅游局作为项目实施机构,通过公开招标的方式选择社会资本方,并由政府方出资代表呈贡区城市投资集团有限公司与中选社会资本方按4∶6的股权比例在昆明市内设立项目公司。区文化和旅游局授权项目公司在合作期内负责投资、融资、建设、运营和维护本项目及其相关设施,并拥有取得相应经营收益的权利。项目实施机构负责监督、考核项目公司所提供的服务成果,并根据运营期每年的绩效考核结果提供可行性缺口补贴。

5. 回报机制

本项目经营收入主要来源于物业管理收入、场馆运营收入、停车场运营收入、广告位租赁收入等。经测算,仅依靠经营收入无法完全满足社会资本方的成本回收与合理回报的要求,故采用可行性缺口补助模式。采用可行性缺口补助模式,要求社会资本在竞标时对每年经营净收益下限(经营性收入扣除经营性成本)进行报价,在减少政府对经营亏损兜底风险的同时敦促社会资本运营提质增效。

因本项目后期运营存在较大的不确定性,为避免前期市场预测与实际情况不符,导致社会资本获得过高的超额收益,同时为实现激励社会资本提高运营收益之目的,特设定超额收益分配机制。由项目实施机构与社会资本双方认可的第三方审计机构对每年运营收益实际数额进行结算,当当年运营收益实际数额大于年度运营收益中标价时,触发超额收益分配机制。对于超过项目年度运营收益中标价的部分,按照表1中的原则进行分配。

表1 超额收益分配办法

单位:%

超额收益比例(%)	项目公司留存分配的比例	纳入扣减可行性缺口补助的比例
≥0%,<50%	20	80
≥50%,<100%	35	65
≥100%,<150%	50	50
≥150%,<200%	65	35
≥200%	80	20

6. 合同体系

依据财政部《PPP 项目合同指南（试行）》（财金〔2014〕156 号文附件）与本项目的运作方式，各项目参与方须通过签订一系列合同来明确和调整彼此之间的权利义务关系。本项目的合同体系包括 PPP 项目合同（投资协议、PPP 合同）、融资合同、保险合同、工程承包合同、运营服务合同等。其中，PPP 合同是本项目合同体系的基础与核心。本项目的合同体系如图 1 所示。

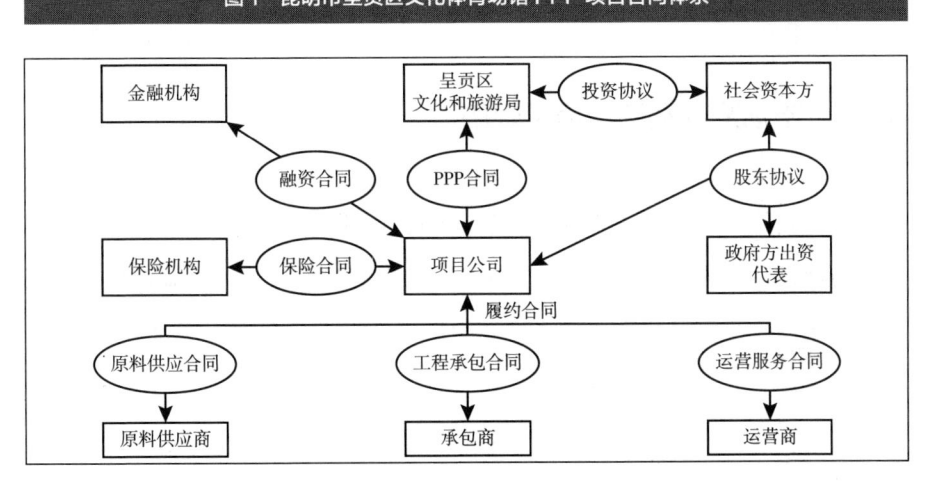

图 1　昆明市呈贡区文化体育场馆 PPP 项目合同体系

7. 项目绩效考核

本项目为可行性缺口补助项目，根据《关于在公共服务领域推广政府和社会资本合作模式指导意见的通知》（国办发〔2015〕42 号）、《关于印发〈政府和社会资本合作项目财政管理暂行办法〉的通知》（财金〔2016〕90 号）、《关于规范政府和社会资本合作（PPP）综合信息平台项目库管理的通知》（财办金〔2017〕92 号）等相关文件规定，可行性缺口补助的最终金额应与项目公司的绩效考核结果挂钩，若项目公司未达到约定的绩效产出标准，则会扣减相应的可行性缺口补助金额。

本项目设置建设期绩效考核和运营期绩效考核。分别在建设期和运营期由区人民政府、区文旅局、区财政局等部门共同派出代表或委托专业第三方评估机构与市民代表组成考核小组，对本项目进行绩效考核。在建设期内，项目绩效考核内容主要包括工程质量、文明安全施工、履约状况三大方面30个细分项。在运营期内，项目绩效考核主要内容包括基础设施、综合功能、日常管理、场馆效益、附加分五大方面31个细分项。

另外，根据财政部《关于印发〈政府和社会资本合作（PPP）项目绩效管理操作指引〉的通知》（财金〔2020〕13号），本项目设置了中期评估和项目后评价方法。

（二）市场测试及同类项目调研

本项目为了严谨论证项目实施方案可行性，除邀请云南省PPP专家库专家参与项目评审会以外，分别于2019年10月和2020年4月开展项目市场测试和市场推介，并向全社会邀请潜在社会资本方参与项目市场推介答疑会。共有10家潜在社会资本方参与答疑，包括央企、地方国企、上市民营企业等，收到了强烈的反响，为项目后期正式采购工作奠定了坚实基础。

另外，本项目属于准经营性项目，项目运营的好坏直接影响到本项目能否给予人民高质量的精神文化享受。因此，为充分提升项目未来运营质量和效率，更好地满足民众日益增长的精神文化需求，由项目实施机构区文旅局，政府方出资代表区城投公司，区财政局、咨询团队共同组成同类项目调研考察团，在4天内对上海、浙江、安徽、福建4地的同类项目进行调研考察，考察范围包括安庆市体育中心、安庆全民健身中心PPP项目、织里镇文体中心建设PPP项目、杭州阿里体育中心、福建省泉州市晋江市国际会展中心PPP项目。充分的考察调研经验为项目采购设置竞标条件、评分办法提供了保障。

三 案例结果

2019年12月,一方案两报告的初稿通过政府批复,但是面对需配合其他项目财政支出的分摊压力,咨询团队根据入库要求合规细化、优化设计方案,在与市、区两级财政部门深入沟通并两次邀请省库专家就项目财承报告评审后,项目一方案两报告于2020年4月最终定稿并由区政府批复通过,于2020年5月实现项目入库。

项目完成入库流程后,咨询团队即会同项目实施机构、政府方出资代表在政府批复通过的实施方案基础上编制项目投资协议和项目合同。2020年11月5日,项目资格预审结果公示,获得7家单位的踊跃响应,后有5家单位参与本项目的公开招标竞标,12月25日,某央企B以92分成为第一中标候选人。政府方与第一中标候选人经过多轮合同谈判,最终双方就合同谈判协商内容达成一致意见,于2021年3月15日成立项目公司正式进场。

四 案例评述

在操作本项目过程中,咨询团队对本项目有如下体会。

(一) 合规严谨论证是项目成功的必要前提

2019年12月底,由实施机构牵头组织政府方出资代表、咨询团队编制的项目一方案两报告经区政府、区委常务会讨论基本定稿,但因受到2020年初新冠肺炎疫情及市政府决定将地铁4、5号线PPP项目部分财政支出责任分摊至呈贡区政府的双重影响,一方案两报告需要与地铁4、5号线PPP项目调整方案保持一致,且需等待财政部PPP中心开放呈贡区未来财政一般公共预算支出增长率的调整权限。在此过程中,咨询团队与云南省财政厅、昆明市财政局反复沟通,并重新召开财承报告专家评审会,项目一方案两报告于2020年4月最终定稿并由区政府批复通过。

另外,在调整一方案两报告期间,为保证项目入库后能够顺利落地,深入了解社会资本对本项目的投资意向,实施机构牵头组织政府方出资代表、咨询团队,通过向全社会公开通告的方式,召开了3次对潜在社会投资人对本项目投资意向的市场测试及答疑工作会议,为项目未来落地奠定了良好基础。

(二) 文体类项目应当首先保证公益性

本项目在实施方案、绩效考核和合同中均明确项目应当保证公益属性。

首先,项目公司应确保项目正常运作,按照国家法规和相关政策提供文化体育场馆的公共产品服务,保证在正常情况下满足周边合理范围内市民的文化体育需求。

其次,项目公司应配合政府向公众充分披露项目实施和运行的相关信息,包括但不限于应急突发事件处理情况、运营维护手册、绩效考核结果等,切实保障公众知情权。

再次,项目公司对图书馆、博物馆、文化档案馆、文化艺术中心、体育馆、活动中心等的物业管理应充分满足政府主管单位正常的实际需要,满足设施可用、制度齐备、应急充分、适宜开展活动等具体要求。

复次,项目公司应为呈贡区每年度重大会议活动(如区人民代表大会和区人民政治协商会议等)做好充分准备,做好场地供应、限制客流、调整运营时间、提供物资支持等工作,并秉持公益精神收取场地费用。

最后，项目公司应在运营期内对符合要求的场馆或对应特殊照顾的群体设置场馆免费开放使用时间、项目低价优惠措施、公益参观活动、助弱应急保障等。

（三）文体类项目应科学评估经营收益，帮助项目提升运营效率

根据《关于推进政府和社会资本合作规范发展的实施意见》（财金〔2019〕10号）规定，"将新上政府付费项目打捆、包装为少量使用者付费项目，项目内容无实质关联、使用者付费比例低于10%的，不予入库"，因此，可行性缺口补助项目必须科学严谨论证项目经营收益，在符合入库要求的同时兼顾社会资本对测算方案的认可度。

本项目的经营收入主要包含物业费收入、场馆经营收入、政府使用场地收入和停车费收入。咨询团队在测算方案时认真调研了昆明市吾悦广场、七彩云南等商业广场，项目周边住宅区等物业管理价格，研究了昆明市17家游泳馆、5家篮球馆、3家羽毛球馆、3家乒乓球馆，昆明市云南省歌舞剧院、聂耳歌剧院、昆明剧院、云南艺术剧院等4家剧院的收费价格，为项目测算提供了充足的基础数据。

另外，咨询团队与实施机构、政府出资代表共同研究，在市场测试反馈的基础上，对5栋公共建筑的配套场地租赁面积进行了框定，在优化减少5栋公共建筑重复性功能的同时，提升了场地经营效率。

案例九
上海某区再生资源化利用中心 PPP 项目

吴 赟

摘　要：

随着国内对再生资源回收、利用重视程度的提升以及受国家高度重视再生资源行业发展的影响，各省份不断推出重要利好政策。新型回收模式层出不穷，整个行业呈现稳中有进、稳中向好趋势，再生资源的回收量不断增加。在大城市再生资源利用领域大力推广PPP模式正逐步成为政府解决城市垃圾分类问题的新方式，是实现城市垃圾减量化、资源化、无害化，分类投放、分类利用、分类处置的创新之举。PPP模式有利于创新再生资源回收行业公共服务供给机制，拓宽投融资渠道，充分调动社会资本参与再生资源回收利用项目建设的积极性，提高再生资源回收、处理等过程公共服务水平。目前，城市再生资源回收体量巨大，PPP模式下的城市再生资源化利用发展前景尤为可观。

一 案例背景

2016年,《上海市人民政府办公厅转发市绿化市容局制订的〈关于进一步加强本市垃圾综合治理的实施方案〉的通知》(沪府办〔2016〕69号),明确了要进一步推进建筑垃圾处理设施的建设。根据《上海市建筑垃圾处理管理规定》,装修垃圾和拆除工程中产生的废弃物,经分拣后进入消纳场所和资源化利用设施进行消纳、利用。项目以建筑垃圾中的装修垃圾和拆除垃圾为主要原料,减容减量和资源化相结合,不仅有利于保护环境,减少污染物,而且能够实现固体废弃物的综合利用,达到资源循环利用的目标,启动上海某区建筑垃圾资源化利用项目(以下简称"本项目")是响应上海市规划和相关管理规定,对上海市建设环境友好型社会、实现资源的可持续发展具有重要的意义。

根据上海市建筑垃圾收运处理现状和相关规划,本项目建设上海某区再生资源化利用基地,用于某区建筑垃圾资源化处理,总处理规模为70万t/a(2100t/d,其中装修垃圾1050t/d,拆除垃圾1050t/d)。本项目总投资规模约为66500万元。

二 案例事件及过程

某区人民政府授权某区绿化和市容管理局(以下简称"区绿容局")作为本项目的实施机构,主要负责统筹项目的具体实施,工作内容包括项目全流程的审核、监督和管理。

在项目计划阶段,中国投资咨询有限责任公司(以下简称"中国投资咨询")受到实施机构和财政部门的委托作为专业咨询机构,共同开展项目前期调研论证工作。在仅1个月的时间内,参考财政部综合信息平台内同类型PPP项目成交数据,上海市同批次9个项目中标结果,实地调研宝山、老港已落地项目,走访苏州市再生资源利用项目公司,掌握第一手投资和运营收支数据,为项目方案编制工作奠定殷实的实践基础。在此期间向区绿容局合理建议项目前期投资造价及设备成本,批复投资额较报批额核减少1.82亿元。

中国投资咨询在前期充分尽调的基础上,全过程参与项目实施方案的编制和项目边界机制设计过程。在方案中明确了项目基本模式、合作期限、运营方案、交易模式、投资规模等细节。

（一）基本模式

本项目拟采用建设—运营—移交（Build-Operate-Transfer，BOT）方式。结合本项目实际及上海作为东部发达地区的特点,设定本项目PPP合作期为30年,其中建设期2年,运营期28年。某区政府授权某区绿化和市容管理局作为本项目的项目实施机构,项目实施机构通过法定程序选定社会资本,由中选的社会资本全资设立项目公司。项目实施机构与项目公司签署PPP项目合同,并依法授予项目公司本项目合作期内的经营权（收益权）。

项目公司负责本项目投资、建设、运营、维护和管理,通过建设、维护再生资源化利用设施提供公共服务,获得使用者付费和可行性缺口补助,以收回投资并获得合理投资收益。PPP合作期满后,项目公司将项目设施完好、无偿地移交给实施机构或者某区政府指定的其他机构。

（二）项目合作期限

本项目 PPP 合作期限为 30 年，包含建设期（2 年）和运营期（28 年）。其中，项目建设期为《上海 X 区再生资源化 PPP 项目合同》生效日起至通过项目竣工验收之日止这段时期，其中包含勘察设计和施工准备期以及施工期，勘察设计和施工准备期自合同生效日起至取得施工许可证之日止，施工期自取得施工许可证的次日起，至通过项目竣工验收合格之日止。项目运营期为竣工验收合格之日至合作期到期之日，项目合作期合计 30 年。

（三）项目运营方案

本项目的运营内容涵盖服务范围内的建筑垃圾的收运、处理（资源化处理）与产出物的销售（含收益获取）。

本项目的服务范围包括某区和中心城区，垃圾处理对象主要为建筑垃圾中的装修垃圾和拆除垃圾。

（四）项目交易结构

区人民政府授权区绿化和市容管理局作为该项目的实施机构，统筹负责项目实施。

社会资本方负责出资设立项目公司，项目公司与区绿化和市容管理局共同签订《上海 X 区再生资源化利用 PPP 项目合同》（以下简称"PPP 项目合同"），由项目公司负责上海某区再生资源化利用项目的投融资、建设和运营维护全部工作。同时项目公司根据 PPP 项目合同有获得合理收益的权利。

区绿化和市容管理局根据项目绩效考核向区财政局申请预算资金，由区绿容局或各街镇向项目公司支付可行性缺口补助。

社会公众、区绿化和市容管理局及行业部门共同对上海某区再生资源化利用项目进行监督。项目公司向社会公众提供垃圾处理服务，通过收运体系向垃圾产生者收取装修垃圾、拆除垃圾分拣、处置费，并自行销售资源化再生产品，还可获得再生骨料和新型建材产品销售收入。

合作期满，全部项目资产及设施需通过移交验收，项目公司将所有项目资产使用权、占有权及收益权无偿移交政府指定机构。

（五）投资规模

本项目PPP投资规模约为58400万元（项目动态总投资扣除征地拆迁费用）。

（六）资金来源及要求

国务院《关于调整和完善固定资产投资项目资本金制度的通知》（国发〔2015〕51号）对各行业固定资产投资项目的最低资本金比例提出了具体的要求，本项目的最低资本金要求比例为30%。由社会资本出资100%。项目投资额的剩余部分由社会资本方通过向金融机构贷款等其他形式筹集。

本项目由中选社会资本方于上海市某区内全资（100%）成立项目公司（SPV）。项目公司注册资本暂定19800万元，中选社会资本方以货币方式出资19800万元，占项目公司100%的股权。项目投资额的剩余部分可通过债务性资金予以解决。

(七) 项目回报机制

本项目投资规模较大，属于重要的基础设施项目，本项目所产生的直接经济效益有限，更大的效益来自其对经济和社会的巨大带动效应，故其经营收入不足以弥补社会资本方的投资成本和获得合理回报，因此采用"可行性缺口补助"的回报机制。项目公司收入来源包括以下几种。

1. 使用者付费

本项目经营收入为再生骨料和新型建材产品销售收入及垃圾处理费（见表1），以上收入可以由项目公司直接向使用者收取。

表1 项目收入类型

单位：%

序号	收入类型	详细分类占比
1	再生骨料销售	6.0
2	新型建材产品销售	8.0
3	垃圾处理费	86.0

2. 可行性缺口补助

在项目设施符合设计要求的情况下，政府支付可行性缺口补助。补助额主要考虑运营维护服务的情况。

运维绩效服务费是为了项目资产和达到服务要求所提供的补贴，主要包括项目的运营维护成本及必要的合理回报，并与项目建设绩效考核和运维绩效考核结果挂钩。

运营绩效服务费采取单价形式，按吨计算，最终通过政府采购流程竞争确定。

三 案例结果

2020年2月20日,某区委召开政府常务会议研究区绿容局《关于〈上海X区再生资源化利用项目PPP实施方案〉的请示》(绿容〔XXXX〕X号),同意《上海X区再生资源化利用项目PPP实施方案》。中国投资咨询在前期充分尽调的基础上,全过程参与项目实施方案的编制和项目边界机制设计过程,对项目落地实施起到了重要作用。

为了保障上海某区项目建成后有垃圾可收可处理,中国投资咨询建议项目实施机构统筹区内各街镇建筑垃圾收运单位,逐步淘汰、关停环保不达标的街镇建筑垃圾中站分拣站,确保本项目尽早达产运营。完善建筑垃圾处理的前端收运及垃圾产生者付费机制,确保项目使用者付费足额支付缴纳。做好项目设计工作,避免因设计不当增加成本超支或无法运营的风险。加强市场测试和商务谈判工作,增强项目对社会资本方的吸引力,提前沟通,防止项目流标。

项目方案中明确了合作期限为30年,其中建设期2年,运营期28年。项目采用BOT(建设—运营—移交)模式,由社会资本方成立项目公司承担项目投融资、建设、运营维护等工作,并提供建筑垃圾处理和资源化利用服务。项目运营阶段交易边界清晰,回报来源稳定可靠,风险分担机制成熟可靠,能够激励提高社会资本方的运营管理和终端产品销售能力。合作期内,区财政局根据区绿容局的绩效考核结果向区绿容局拨付本项目政府资源化利用设施处理服务费和政府资源化利用服务处理服务费。

依据当前某区一般公共预算收支增长现状,合理调整未来30年预算增长率。在适当调低未来一般公共预算增长率的情况下,依然保障项目政府补贴在本级财政承受能力范围内,年度最高支出未达区财政一般公共预算支出的 0.20%，PPP 项目行业平衡性良好。全过程监督项目依法合规执行，杜绝形成政府隐性债务风险。最终产出结果包括项目实施汇报材料、财政承受能力论证报告及物有所值评估报告等。

本项目成本测算逻辑如图 1 所示。

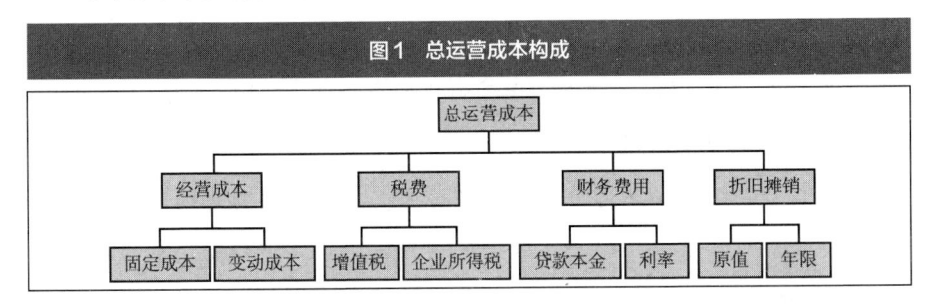

图 1　总运营成本构成

```
                        总运营成本
        ┌───────────┬────────────┬───────────┐
      经营成本      税费       财务费用    折旧摊销
      ┌──┴──┐    ┌──┴──┐    ┌──┴──┐    ┌──┴──┐
    固定成本 变动成本 增值税 企业所得税 贷款本金 利率 原值 年限
```

项目总成本由项目建设成本和经营成本构成。其中项目总运营成本由经营成本、财务费用、折旧摊销、税费构成。变动运营成本由变动运营成本、维修养护费用、人工费用、管理费用构成。

四　案例评述

本项目以建筑垃圾中的装修垃圾和拆除垃圾为主要原料，将减容减量和资源化相结合，不仅有利于保护环境、减少污染物，而且能够实现固体废弃物的综合利用，达到资源循环利用的目标，积极响应了上海市规划和相关管理规定，对上海市建设环境友好型社会、实现资源的可持续发展具有重要的意义。

本项目固定资产投资预计约 5.85 亿元，利用 PPP 模式引入社会资本参与后，可以极大地平滑政府财政支出责任。且通过 PPP 模式在基础设施和公共领域范围内引入专业的社会资本方有利于提高本项目的公共服务水平，通过专业技术力量提升某区建筑垃圾处理能力，为处理建筑垃圾找到有效的办法,实现资源化利用。同时能加快项目建设进度,使项目尽早投入使用。

此外,本项目选择PPP模式,能够使得作为社会资本的企业承担公共服务涉及的建设、投资、融资、运营和维护等职责,政府作为监督者和合作者,减少对微观事务的直接参与,加强发展战略制定、社会管理、市场监督、绩效考核等职责,有助于解决政府职能错位、越位和缺位的问题,同时提高公共事业服务的水平。

PPP项目投资周期较长、投资金额较大,社会资本方会慎重考虑项目所在地的政策制度环境。社会资本方凭借自身市场运作经验,来承担项目的市场风险,做到专人专项、权责统一,从而降低风险,优化项目风险分配。

近年来,《国务院关于创新重点领域投融资机制鼓励社会投资的指导意见》(国发〔2014〕60号)、《财政部关于推广运用政府和社会资本合作模式有关问题的通知》(财金〔2014〕76号)等一系列规章和政策文件,鼓励政府通过与社会资本合作提供公共服务产品,PPP模式推广应用的法律政策环境逐步完善。

上海某区再生资源化利用PPP项目的主要收入来源为使用者付费和可行性缺口补助,较为稳定,融资能力强,对社会资本的吸引力较大。该项目能够使政府部门和社会资本取长补短,充分发挥各自的长处,真正做到"借钱、借力、借脑",拥有专业人做专业事之优势。

案例十
辽宁省某市智慧路灯升级改造能源托管服务项目

原 彤 吴 赟

摘 要：

本案例为辽宁省某市智慧路灯升级改造能源托管服务项目。项目实施机构为辽宁省某市住房和城乡建设局（以下简称"市住建局"），项目采用公开招标的采购方式，中标方为 AAA 有限公司（以下简称"AAA 公司"）。项目运作模式为能源托管，服务期限为 20 年（其中建设期 8 个月）。中标人在服务期限内负责项目的节能诊断、方案设计、项目建设、设备运营、电费代缴以及基于路灯设施开展的智慧城市增值服务等工作。中国投资咨询有限责任公司作为政府方聘请的第三方咨询机构，负责该项目的前期尽调、实施方案及合同等文件编制、组织采购活动等工作内容。中国投资咨询有限责任公司充分考虑政府方需求，为该项目的顺利实施提供了有力保障。

一 案例背景

（一）辽宁某市路灯设备现状及对策

辽宁某市地处辽宁省核心区位，是沈阳经济区副中心城市，市中心的城市夜景照明，部分早年修建的道路照明有些因设备陈旧、老化以及树木遮光，造成配光严重不达标。同时，旧设备和钠灯的使用造成严重的电力资源浪费，不符合国家倡导的低碳生活理念。由于道路照明维修的资金严重不足，电缆老化、配电设备陈旧等，灯具故障率非常高，也存在一系列安全隐患。

节能减排是当前政府工作的重点之一，随着LED照明产品的普及和应用，将城市道路照明原有的钠灯替换成高效、节能、环保的LED照明灯具已是当前某市照明建设的新趋势。此外，近年来随着物联网等技术的不断成熟和应用，通过建设路灯智能控制系统能够有效提高维护效率，有利于消除安全隐患及提高城市的智能化管理水平。

（二）智慧城市发展趋势

城市智能化发展是目前城市发展的大势所趋，智慧路灯是智慧城市运营的一个重要节点，以智慧路灯建设助推智慧城市发展已成社会共识。随着城市的不断发展，城市化进程的加快，城市被赋予前所未有的经济、政治、技术功能，城市的智能化趋势已形成。为解决城市发展难题，实现城市可持续发展，建设智慧城市已成为当今世界城市发展不可扭转的历史潮流，建设智慧城市将成为一个城市的整体发展战略，作为经济转型、产业升级、城市提升的新引擎，达到提高民众生活幸福感、企业经济竞争力、城市可持续发展的目的，体现了创新2.0时代的城市发展理念和创新精神。

二 案例事件及过程

（一）项目基本情况

辽宁省某市智慧路灯升级改造能源托管服务项目（以下简称"本项目"）为改造项目，所属行业为市政工程。本项目采用"能源费用托管型合同能源管理"模式，项目服务期为20年，其中建设期8个月。辽宁省某市人民政府授权市住建局作为实施机构，授予中标人基于路灯设备节能改造及运营养护，开展智慧城市增值服务的权利和义务，并对其服务实施监管。中标人全额出资在项目所在地辽宁省某市成立项目公司，辽宁省某市人民政府按照能源费用托管型合同能源管理服务协议的约定，支付相应的能源托管费用给项目公司，项目公司以节约的电费作为本项目改造投资及运营回报资金来源。

1. 项目建设内容

项目建设内容分为建设期建设内容和运营期建设内容。项目建设期建设内容主要涵盖以下内容。

路灯LED光源改造：在满足城市道路照明标准的前提下，对辽宁省某市各区所辖范围内的4万余盏传统路灯进行提升改造。采用绿色环保的高效LED光源替换传统高压钠灯光源。

搭建智慧路灯控制系统：以信息资源为中心，结合计算机技术、信息与通信技术、物联网技术，将智慧路灯控制系统接入互联网，建设一套具有远程故障报警、远程抄表、远程监控等功能的城市照明全资产大数据信息系统，实现"资产—监控—运维"一体化管理。在全市建设一套大数据系统，通过大型显示屏显示，并实现和"智慧城管系统"互联互通，共享大数据信息。

部分变压器及电缆改造：本项目涉及对城市主城区部分变压器及电缆进行升级改造和运营维护。

项目运营期内的建设内容主要涵盖以下内容。

路灯 LED 光源运营维护：依据 LED 光源的合理使用时限并结合现有的项目运营经验，在保证符合《城市道路照明设计标准》（CJJ 45-2015）的前提下，将在初始投资 6 年后每年按照 3% 的比例进行小修维护，17% 的比例进行大修维护，确保满足服务期限内全生命周期价值，主、次干道和重点场亮灯率在 99% 以上。

智慧路灯控制系统运营维护：智慧路灯控制系统搭建过程中使用的屏幕、终端服务器、线路等设施设备存在使用寿命限制，服务期内两次全部重置更新投资，确保满足服务期限内系统正常使用。

基于路灯设施开展的增值服务：主要服务内容包含在路灯杆上架设城市传感系统和对配电系统进行适当的改造，运用物联网、智能识别、人工智能、云科技等技术，为客户提供 5G 通信、智慧交通、智慧安防、环境感知、电动汽车充电等增值服务。

2. 项目投资规模

本项目首期施工期为项目初期的 8 个月，项目首期投资内容为：路灯 LED 光源升级改造投资概算 4000 余万元，智慧路灯控制系统投资概算 1600 万元，部分变压器及电缆改造投资限额 600 万元。工程建设首期路灯投资概算 6900 万元，服务期 20 年内资产重置投资造价合计约为 22.23 亿元。

3. 项目回报机制

能源托管费：项目公司每年可基于基准年路灯电费实际支付额，约为2400万元，按照综合节电率55%计算，其中预测需"实际电费支出"约为1080万元，节电后剩余经费预计每年约为1320万元作为项目期初灯具设备投资回报和服务期间内项目公司运营维护的必要成本支出经费。

增值服务收益：通过在路灯杆上架设大量城市传感系统和对配电系统进行适当的改造，利用物联网、智能识别、人工智能、云科技等技术，为客户提供5G通信、智慧交通、智慧安防、环境感知、电动汽车充电等增值服务。

4. 财务测算方法

本项目财务测算的方法为：以财务内部收益率（IRR）N%作为测算目标，通过输入调整现金流入和现金流出的变量，达到测算目标。项目公司的现金流入，即辽宁省某市政府支付给项目公司的能源托管费。项目公司的现金流出，即项目公司以现金形式支出的成本，包括建设期的投资成本、运营期重置投资和运营期的各项运营成本等（见图1）。

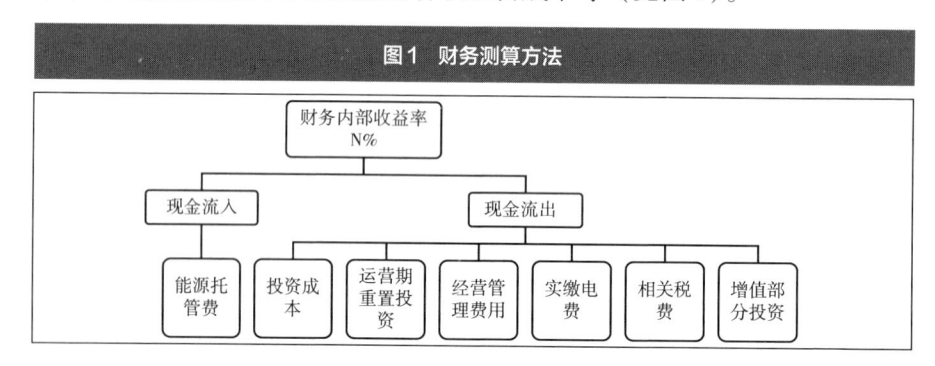

图1 财务测算方法

（二）案例过程

1. 项目发起

2020年6月，辽宁省某市智慧路灯升级改造项目审批通过，确定将对全市下辖各区的共计4万余盏传统路灯进行升级改造。中国投资咨询有限责任公司作为政府方聘请的咨询顾问，负责本项目的咨询服务，具体内容包括：编制实施方案；设计项目运作的商业模式和基本交易结构；参与资格预审和采购过程；按项目情况编制相应协议，参与协商、谈判、签署项目合同等。

本项目的实施方案包括项目基本情况、项目建设内容、实施进度计划、回报机制及核心边界、可行性分析、能源托管服务协议等内容。项目实施机构就本项目实施方案内容、财务测算模型、运作模式等向当地市政府做了详细汇报。

辽宁省某市智慧路灯升级改造项目最终采取的商业模式是能源托管。就基本交易结构而言，本项目采用"能源费用托管型合同能源管理"模式，服务期自能源费用托管合同能源管理服务协议签约之日起，至服务期限届满之日止。辽宁省某市政府以2017年至2019年3年平均的路灯电费约2400万元为托管基准电费，授予中标人在约定的服务期内以"能源费用托管型合同能源管理"模式负责项目的投资建设、节能改造、能源管理、设备运营，并基于路灯杆开展相关增值服务，辽宁省某市住房和城乡建设局每年按协议约定的托管基数电费支付给中标人，中标人每年按实际发生额向供电局缴纳路灯电费（见图2）。

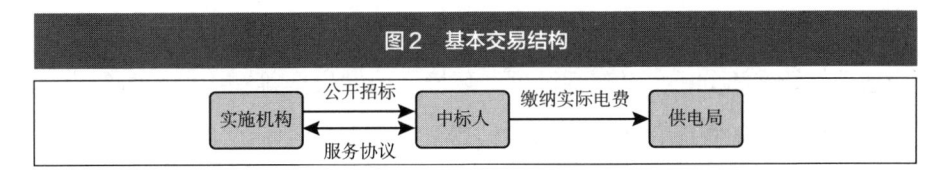

图2　基本交易结构

实施机构 —公开招标/服务协议— 中标人 —缴纳实际电费— 供电局

2. 项目采购

2020年10月，中国投资咨询有限责任公司通过尽职调查，编写项目方案及采购文件，在辽宁政府采购网发布招标公告。2020年11月，经过评标、定标、公示，完成项目合同草签，最终选定本项目的中标方某公司进行合作。

三 案例结果

本项目作为辽宁省某市智慧城市建设的开端,其实施将为当地带来较大的经济效益、社会效益和城市效益。

在经济效益方面,智慧路灯控制系统提高了开关灯的可靠性和可检查性,避免白天亮灯的情况出现造成资源浪费,有利于降低支出、提高经济效益。本项目为客户提供的增值服务既可以由中标人直接投资运营,也可以由其引入其他智慧城市参与方投资运营,中标人可为后者提供灯杆共享、供电和通信服务并收取相应的服务费。根据该项目实施方案,在综合考虑因项目需要的配电系统改造支出后,中标人预计还需将增值服务收益税后净利润的20%分享给实施机构或辽宁省某市政府指定单位。对中标人而言,增值服务收益将确保项目获得预期的投资收益,也使这20年周期的项目具备了更大的收益想象空间。对于政府而言,这一不可预测规模的未知收益将对地方财政产生重大意义。

在社会效益方面,本项目的实施贯彻了城市照明"智慧"和"环保"理念。应用城市传感网、无线技术、电力载波技术将城市中的路灯、景观灯联系起来,形成"物联网",并利用计算机等信息处理技术对海量感知信息进行处理和分析,对包括民生、环境、公共安全等在内的各种需求做出智能化响应和智能化决策支持,使得辽宁省某市生活照明达到"智慧"和"绿色"的状态。智慧路灯控制系统对辽宁省某市照明实现精细化管理,将烦琐复杂的工作通过系统实现简单化。使路灯管理人员便于进行分析预测,做到事前预知,消除安全隐患,防患于未然。能根据不同的故障等级,启动不同的处置流程。

在城市效益方面,实施节能规划符合国家倡导的"节能减排,低碳生活"的发展理念,节约不可再生资源,同时有助于树立"重视能源利用,重视科技环保"的全新辽宁某市城市形象。城市照明系统既是一种公益性事业,也是城市形象工程。城市照明智能控制管理系统的建成,提高了亮灯率,减少各种交通事故,合理照明、美化照明、安全照明,营造出智慧城市的照明效果,将城市照明的管理推向数字化、科技化,进一步树立和提升城市品牌。①

综上,智慧路灯的升级改造增加了城市的经济收益,新一代通信技术实现智能化的路灯管理节约了城市电力资源,符合智慧城市低碳的经济发展形势。保障市民出行安全,消除安全隐患的同时又加深了辽宁省某市对于环保和低碳理念的贯彻。智慧城市背景下的智慧路灯正在逐步实现绿色化、人文化、整合化、安全化。

四　案例评述

节能减排是贯彻落实科学发展观、构建社会主义和谐社会的重大举措,是建设资源节约型、环境友好型社会的必然选择,对于调整经济结构、转变增长方式、提高人民生活质量、维护中华民族长远利益,具有极其重要而深远的意义。辽宁省某市积极响应国家政策号召,决定采用能源托管的模式向社会资本开放基础设施和公共服务项目,逐步推动了智慧路灯升级改造项目的启动。本项目是辽宁省某市建设智慧城市的开端,在辽宁省某市发展历程中具有里程碑式的意义。本项目的主要经验和创新主要体现在如下几点。

---

① 张苏文:《城市智慧路灯建设的研究及实现》,硕士学位论文,华东交通大学,2020,第6~7页。

（一）创新管理机制，针对性解决项目问题

根据辽宁省某市政府市长办公会议纪要，要求坚持全市"一盘棋"，将所辖各区全部纳入实施范围，统一招标、统筹实施。为了方便项目管理，加快项目实施和加强后续运行维护，后续由辽宁省某市人民政府明确本项目由实施机构作为牵头负责单位，负责项目组织实施、合同签署、运行考核、费用支付等工作，统一协调将能源托管费用纳入各个城区经费并根据合同支付给中标人。统一开展，统一实施，统一运营的管理机制，将辽宁省某市各辖区智慧路灯的管理和维护系统化联系在一起，提高运营和管理效能，充分发挥城市规划的引领作用。

（二）资源整合，推动智慧城市建设

智慧城市建设的难点和关键点在于资源整合和充分利用，使得城市基础设施先进，产业发展路线高端，城市运营高效，市民生活便利。智慧路灯数字化网络所涉及的数据信息分属不同管理部门，政府各部门之间形成了良好的沟通和合作，整理公开信息，各部门充分利用这些信息，实现了设计需求。目前辽宁省某市正在将这些信息进行共享，最终形成共享物联网，不久的将来形成共享数据中心，对于重要数据统一处理分析，并形成便利的输出机制以便查询。政府部门还建立了政务信息资源共享机制，吸引社会中的其他组织和企业参与其中，将更好地推动资源整合利用和智慧城市的建设。[1]

---

[1] 高雅：《智慧城市背景下的智慧路灯设计》，《设计》2017年第15期。

（三）借助能源托管优势，满足低碳城市发展需求

能源托管模式是用减少的能源费用来支付节能项目全部成本的节能投资方式，这种模式允许用户使用未来的节能收益为设备升级，以降低目前的运营成本、提高能源利用效率。此模式的优势在于降低能耗、节能减排，利国利民。本项目节能改造后，较传统的照明度提升20%左右，节能比达到50%，路面均匀度提高10%。辽宁省某市路灯用电每年可节约电费50%左右，财政资金不用另外支付。

由于项目服务期长达20年，项目的维护就显得尤为重要。在本项目的能源托管模式下，在项目完成投融资、产品安装、调试及试验后，维护服务将正式开始。合作方将在未来20年的服务期内对所有产品进行保修维护，确保辽宁省某市城市路灯照明水平，实现绿色环保节能效果。

（四）激励相融机制，共建政府企业双赢模式

通过激励相融机制，产生有利于政府和社会公众的结果。本项目中包含的激励相融机制主要体现在：后期政府需新增路灯设备时，可通过增加托管基数的方式委托中标人进行投资建设；由于本项目的最终用户包括政府、企业和普通市民，政府在开展智慧交通及5G基站布置时，在同等条件下，优先考虑在本项目管辖的路灯杆的布置，中标人有优先建设权。激励机制不仅可以增加双方的收益，还可以保证辽宁省某市智慧城市建设的整体性和协调性。

辽宁省某市的智慧路灯升级改造项目通过采用能源托管模式，政府部门省去了一大笔费用支出，获得了全市路灯的升级换代，为智慧城市的建

设打下了路灯这一入口基础。作为项目履约方，中标人获得了 20 年的辽宁省某市全市路灯的运营权，通过运营这些路灯，预期也将可以获得良好的收益回报。这实现了政府和企业的双赢，为其他城市智慧路灯的升级改造提供了一个典型的可参考案例。

第二部分
战略与管理咨询项目案例

案例一
某市全面预算绩效服务项目

牛 嘉 张文妍

摘　要：

2018年9月，中共中央、国务院颁布的《关于全面实施预算绩效管理的意见》（中发〔2018〕34号）提出，"要力争用3到5年时间，基本建成全方位、全过程、全覆盖的预算绩效管理体系，实现预算和绩效管理一体化"，预算绩效业务全面兴起。中国投资咨询有限责任公司抓住此机遇，在某市展开全过程、全覆盖、全方位的预算绩效服务，服务期为3年。尽管在实施过程中面临起步晚、体系不健全及思想认识薄弱等难题，项目经过一年半的实施，中国投资咨询有限责任公司协助该市财政局审核1160个本级及转移支付项目绩效目标，开展7次培训服务，编制6个行业绩效指标体系，正逐步提高各单位预算绩效意识，强化预算绩效硬约束，压实主体责任，目前已在该市初步建立起"三全"预算绩效体系。

一 案例背景

2018年9月，中共中央、国务院颁布的《关于全面实施预算绩效管理的意见》（中发〔2018〕34号）（以下简称《意见》）提出："要力争用3到5年时间，基本建成全方位、全过程、全覆盖的预算绩效管理体系，实现预算和绩效管理一体化。"财政部《关于贯彻落实〈中共中央 国务院关于全面实施预算绩效管理的意见〉的通知》也提到，到2022年底要基本完成《意见》规定的目标任务。上述文件的出台标志着预算绩效管理改革进入了一个全新的阶段，但工作时间紧，任务重，而该市又面临着绩效工作起步晚、基础差、预算绩效观念薄弱、绩效指标体系不健全等问题。中国投资咨询有限责任公司抓住预算绩效工作全面兴起的良好机遇，通过对其预算绩效当下面临的问题进行分析拆解，提出包括预算绩效培训、绩效目标审核、重点绩效评价及共性指标研究等全方位服务方案，助力其建立"三全"（指全方位、全过程、全覆盖）预算绩效体系，真正做到向绩效要财力。该项目自2019年9月落地以来，经过一年半的实施，一方面有助于该市弱化在经济下行压力下的预算扩张态势，通过绩效目标审核、绩效监控及绩效评价全流程监控，能够减少低效、无效支出，更好地发挥财政促进资源合理配置的作用，提高财政支出效益，另一方面能够提供更为丰富的专业化管理工具，强化财政调控职能。

二 案例事件及经过

中发〔2018〕34号文件总体要求旨在建立全方位、全过程、全覆盖的预算绩效管理体系。因此,中国投资咨询有限责任公司开展业务的第一步即对全方位、全过程、全覆盖体系进行任务拆解并逐步细化成客户服务方案。

(一)"三全"分解

全方位指构建政府、部门单位、政策和项目的预算绩效管理体系,需根据不同对象的特征,分别建立各自绩效评价体系及实施路径。考虑到某市起步较晚、基础薄弱的现状,首先开展项目及部门单位预算绩效体系研究,逐步推广到政府绩效评价及政策绩效评价。

全过程包括重大政策、项目事前绩效评估、绩效目标管理、绩效运行"双监控"以及绩效评价和结果应用的闭环管理,即将绩效理念和方法融入全过程各环节中,实现预算与绩效一体化。

2015年开始实施的新《预算法》,明确了一般公共预算、政府性基金预算、国有资本经营预算以及社会保险基金预算四本预算在内的全口径预算管理体系。在全面实施预算绩效管理的背景下,需要结合四本预算,进行统筹考量、精准施策。考虑到某市现状,首先要建立一般公共预算绩效管理体系,特别是项目绩效管理体系;其次,针对不同资金属性和用途,对另外三本分别建立各自的预算绩效管理体系。

全过程预算绩效管理既贯穿于全方位的预算绩效管理之中,又贯穿于全覆盖的预算绩效管理之中,它是全面实施预算绩效管理的关键机制。从构建全方位预算绩效管理格局的角度上来看,在政府、部门、政策和项目的绩效管理过程中,都必须结合全过程的绩效管理路径,依照不同层级开展绩效管理的需要开展重大政策和项目事前评估、绩效目标管理、绩效运行监控、绩效评价及结果应用。从完善全覆盖预算绩效管理体系的角度上来看,一般公共预算绩效管理的经验已经证明了全过程预算绩效管理机制的适用性,在其他政府预算绩效管理体系的建立过程中,也应当充分借鉴其经验,开展各有侧重的目标管理、跟踪监控、绩效评价和结果应用。

(二) 具体工作思路

按照以上目标任务,将全面预算绩效服务拆解成 7 大工作模块,不断推进某市预算绩效管理工作,初步在市级层面构建起预算编制有目标、预算执行有监控、预算完成有评价、评价结果有应用的全过程预算绩效管理闭环系统。

1. 全面实施项目支出绩效目标管理,为全过程预算绩效管理奠定基础

绩效目标是预算绩效管理的基础和核心,将绩效管理的关口前移,对工作任务进行分解,细化目标编制,在预算编制环节设置具体、全面、合理、可衡量的绩效目标,对后期开展绩效监控、预警分析绩效评价提供基础。加强审核力度,确保某市各部门(单位)的所有财政预算安排项目支出(包括年初部门预算及年中追加项目及各级转移支付项目)设置科学合理的绩效目标,对于无绩效目标或绩效目标设置不合理的项目单位进行指导并协助修改。

2. 全面实施项目支出绩效监控

在实际监控工作中,中国投资咨询有限责任公司细化绩效监控的对象范围、工作流程和时间安排,为各预算单位提供了统一的监控工作模板,规范部门(单位)绩效监控情况填报,方便审核。2020 年 5 月 31 日及 8 月 31 日分两次对各预算项目从总体完成情况、预算执行情况、偏差情况及整体填报情况几方面进行打分,提取出打分低于 60 分或者偏差率大于 20% 的项目,并对资金额较大、涉及面较广的项目提出具体整改建议,为财政部门提出预算调剂意见提供有效依据。

3. 开展重点绩效评价

在开展重点绩效评价过程中，以公众评判法、标杆管理法、比较法等为基础，抓住绩效评价工作质量和结果运用两个关键，提升绩效评价报告"可用度"。围绕财政部门的需求和关注点以及项目特性来设置绩效评价体系。通过项目主管部门收集项目设立背景、实施规划（计划）、指导意见、管理办法、资金支付凭证等信息，充分掌握项目具体内容，带着问题去开展绩效评价。对被评价项目所有资金安排和管理方式进行多维度分类分析，对决策、过程、产出、效益四部分进行评价（评价指标框架详见附录一，绩效评价报告模板详见附录二），有针对性地在评价过程中进行重点关注和论证。为政策制定完善提供决策支撑，使绩效评价服务于提高政府决策和管理水平，提升财政资源配置效率。

4. 全面开展部门单位整体支出绩效管理

在2020年人大预算批复后，协助该市财政局组织全市各部门（单位）以部门预算资金管理为主线，按照承担职责和年度主要工作任务，设置2021年部门单位整体支出绩效目标。对于绩效目标设置不合理的单位，协助其进行修改。2020年6月底，协助该市财政局组织全市各部门对上半年整体支出及整体工作完成情况进行绩效监控，指导单位撰写绩效监控报告并审核。

5. 对四本预算全面实施预算绩效管理，推进其他一般公共预算项目绩效管理

按照"全覆盖"的预算管理要求，协助该市财政局社保处、企业处将社保基金项目、国有资本经营项目全部纳入预算绩效管理，设置绩效目标、开展绩效监控、实施绩效评价和结果应用，构成闭环管理。同时协助相关单位对于地方债务项目及政府和社会资本合作项目实施全流程预算绩效管理。

6. 健全完善预算绩效指标体系

建设绩效指标丰富、评价标准体系完善的预算绩效指标库，是全面实施绩效管理的基础，能够为主管部门和预算单位提供辅助工具，发挥指导作用，提高预算绩效目标申报、绩效评价工作的效率，对建立标准科学、程序规范、方法合理、结果可信、公开透明的预算绩效管理，推动该市财政预算绩效管理具有重要作用。以新《预算法》相关规定为操作依据，充分借鉴吸收财政部、财政厅在指标设计方面的有益经验，基于该市预算绩效管理工作实践，分步实施，逐步建成财政预算绩效管理实际需要的预算绩效指标库。

7. 加强对于各部门（单位）的培训

全面预算绩效经过自上而下的推动，很快由点及面铺展开来，但是基层单位作为具体实施者，是全面实施预算绩效管理的重点和难点，其整体能力将会直接影响到整体实施效果。在具体实施过程中，发现很多预算单位不理解预算绩效管理的实施意义，将预算绩效工作看成是原有工作之外的任务，害怕触及现有利益格局，与财政部门配合度较低。因此需要不断通过工作流程图、PPT、培训视频以及线下讲座的方式，对本级各部门（单位）、财政局各业务处室进行全覆盖式培训，提高绩效意识。

三 案例结果

（一）绩效目标审核

按照构建"全方位、全过程、全覆盖"的预算绩效管理体系要求，协助该市财政局以2020年度预算资金管理为主线，统筹考虑资产和业务活动，审核2020年项目绩效目标及部门单位整体绩效目标。截至2020年4月，共审核58个部门单位921个项目绩效目标及68个部门331个单位的整体绩效目标，为实施后续监控及部门单位整体支出奠定了基础。

（二）完成 2020 年 5 月及 9 月绩效监控审核

结合考核要求，编写绩效指标体系监控应用手册，提高监控填写水平，并根据实际情况对各项目监控填报情况进行打分。结合两次绩效监控打分情况，分档收回部分财政资金，坐实预算绩效监控结果应用。

（三）重点绩效评价

根据工作安排，2020 年共对该市 5 个重点项目开展绩效评价，涉及评价资金 1.42 亿元，包含市本级项目及转移支付项目。其中一个项目评价结果为优秀，三个项目评价结果为良，一个项目评价结果为中。针对在评价过程中发现的招投标管理、资金使用、项目时间管理等方面存在的问题提出建议以及资金调减意见，提高绩效评价的可用性。

（四）开展培训

为解决基层单位人员更换频繁及思想认识不足的问题，同时使培训内容更具针对性，2020 年 4 月 10 日至 2020 年 4 月 15 日，针对该市 6 大业务处室举办 6 场培训，邀请各预算单位财务人员、业务人员及财政各处室负责人共 300 余人参与培训。培训中对于全流程中各阶段业务难点进行解析，取得较好培训效果。2020 年 9 月，针对 2020 年上半年集中发生的问题又一次开展视频培训。

（五）编制某市本级绩效目标指标库

2020 年，选择在交通运输行业、城市管理运行领域和社会保障就业领域建立某市绩效指标体系和绩效标准，为市预算单位使用财政资金开展工作中实际需要应用的绩效指标，各单位2021年绩效目标填报时已予以使用。

四 经验启示

（一）应持续提供培训

项目经过一年半的发展，在实施过程中发现基层单位在推进全面预算绩效建设的过程中起着至关重要的作用。虽然经过不断培训，各预算单位的意识有所提高，已经完成从"说了再算"向"算了再说"的转变，但是部门单位绩效管理的积极性仍需要进一步激发，后续工作中应继续加强培训，让各单位主动承担起本单位绩效管理的主体责任，解决好对全面实施预算绩效管理工作重视程度不够、认识不到位、参与不够的问题，真正建立健全单位绩效管理机制，将绩效管理作为规范和提升单位管理水平的重要手段和工具，把绩效理念和绩效方法深度融入预算管理的各个环节，进而突破难点，形成特色，从而发挥绩效管理在"节支增效"方面的重要作用。

（二）预算绩效管理的规范化水平需不断提升

预算绩效指标体系在单位使用过程中效果良好，后续要加快研究设定分行业、分领域共性绩效指标，从源头提高绩效目标设置的科学性、准确性。各地财政部门需要继续深入研究。

（三）标准化操作提效

经过一年半的实践总结以及与单位的沟通发现，若要提高全流程各环节的操作效率，应为单位提供标准化操作指引。经过反复实践，目前已能为事前绩效评估报告提供 10 条标准化评价指标，对项目支出绩效目标设置提供 6 条标准化评价指标，对项目支出绩效监控提供 5 条标准化评价指标，对项目支出绩效自评报告提供 12 条标准化评价指标，确保全流程每一环节的反馈意见都要求明确、指向清晰，用规范、标准、科学的方法指导部门单位开展绩效工作，提高工作效率。

（四）严格绩效目标审核

绩效目标是预算绩效管理最为重要的一步，它既是预算编制阶段资金安排的前提和基础，也是预算执行中绩效运行监控的主要内容，还是预算执行完毕后绩效评价实施的重要依据，贯穿全面预算绩效各环节，应认真做好项目支出绩效目标审核及追加项目绩效目标审核，强化绩效目标约束，将预算安排与绩效目标审核结果挂钩，打破支出固化格局。

（五）加大绩效监控力度

一是以每年 9 月为监控节点，对全市所有财政项目支出预算执行情况和绩效目标实现程度实行"双监控"，及时发现预算执行缓慢以及资金闲置浪费问题，反馈给市财政局，推动问题解决。二是加强真实性审核，在重点绩效评价过程中发现个别单位为"保住"次年预算安排，不在监控环节中扣分，在监控填报及绩效自评过程中提供虚假数据，伪造"繁荣景象",因此以 11 月的真实性审核为抓手,每单位随机抽查两到三个项目,进行资料查验及现场调研,对执行进度缓慢或预计无法实现绩效目标的,及时按程序调减预算并同步调整绩效目标;对发现问题严重的,暂停项目实施,按照有关程序调减预算并停止拨付资金,在预算年内及时纠偏止损,避免财政资金的浪费。

附录一

项目支出绩效评价指标体系框架（参考）

一级指标	二级指标	三级指标	指标解释	指标说明
决策	项目立项	立项依据充分性	项目立项是否符合法律法规、相关政策、发展规划，用以反映和考核项目立项依据情况	评价要点： ①项目立项是否符合国家法律法规、国民经济发展规划和相关政策； ②项目立项是否符合行业发展规划和政策要求； ③项目立项是否符合与部门职责范围相符，属于部门履职所需； ④项目是否属于公共财政支持范围，是否符合中央、地方财权与事权支出责任划分原则； ⑤项目是否与相关部门同类项目或部门内部相关项目重复
		立项程序规范性	项目申请、设立过程是否符合相关要求，用以反映和考核项目立项的规范情况	评价要点： ①项目是否按照规定的程序申请设立； ②审批文件、材料是否符合相关要求； ③事前是否经过必要性研究、专家论证、风险评估、绩效评估、集体决策
		绩效目标合理性	项目所设定的绩效目标是否依据充分、是否符合客观实际，用以反映和考核项目绩效目标与项目实施的相符情况	评价要点： （如未设定预算绩效目标，也可考核其他工作任务目标） ①项目是否有绩效目标； ②项目绩效目标与实际工作内容是否具有相关性； ③项目预期产出效益和效果是否符合正常的业绩水平； ④是否与预算确定的项目投资额或资金量相匹配

续表

案例一 某市全面预算绩效服务项目

一级指标	二级指标	三级指标	指标解释	指标说明
决策	绩效目标	绩效指标明确性	依据绩效目标设定的绩效指标是否清晰、细化，可衡量等，用以反映和考核项目绩效目标的明细化情况	评价要点： ①是否将项目绩效目标细化分解为具体的绩效指标； ②是否通过清晰、可衡量的指标值予以体现； ③是否与项目目标任务或计划数相对应
决策	资金投入	预算编制科学性	项目预算编制是否经过科学论证、有明确标准，资金额度与年度目标是否相适应，用以反映和考核项目预算编制的科学性、合理性情况	评价要点： ①预算编制是否经过科学论证； ②预算内容与项目内容是否匹配； ③预算额度测算依据是否充分，是否按照标准编制； ④预算确定的项目投资额或资金量是否与工作任务相配匹
决策	资金投入	资金分配合理性	项目预算资金分配是否有测算依据，与补助单位或用地方实际是否相适应，用以反映和考核项目预算资金分配的科学性、合理性情况	评价要点： ①预算资金分配依据是否充分； ②资金分配额度是否合理，与项目单位或地方实际是否相适应
过程	资金管理	资金到位率	实际到位资金与预算资金的比率，用以反映和考核资金落实情况对项目实施的总体保障程度	资金到位率=（实际到位资金/预算资金）×100%。 实际到位资金：一定时期（本年度或项目期）内落实到具体项目的资金。 预算资金：一定时期（本年度或项目期）内预算安排到具体项目的资金
过程	资金管理	预算执行率	项目预算资金是否按照计划执行，用以反映和考核项目预算执行情况	预算执行率=（实际支出资金/实际到位资金）×100%。 实际支出资金：一定时期（本年度或项目期）内项目实际拨付的资金

续表

一级指标	二级指标	三级指标	指标解释	指标说明
过程	资金管理	资金使用合规性	项目资金使用是否符合相关的财务管理制度规定，用以反映和考核项目资金的规范运行情况	评价要点： ①是否符合国家财经法规和财务管理制度以及有关专项资金管理办法的规定； ②资金的拨付是否有完整的审批程序和手续； ③是否符合项目预算批复或合同规定的用途； ④是否存在截留、挤占、挪用、虚列支出等情况
过程	资金管理	管理制度健全性	项目实施单位的财务和业务管理制度是否健全，用以反映和考核财务和业务管理制度对项目顺利实施的保障情况	评价要点： ①是否已制定或具有相应的财务和业务管理制度； ②财务和业务管理制度是否合法、合规、完整
过程	组织实施	制度执行有效性	项目实施是否符合相关管理规定，用以反映支出调整等手续相关管理制度的有效执行情况	评价要点： ①是否遵守相关法律法规和相关管理规定； ②项目调整及支出调整手续是否完备； ③项目合同书、验收报告、技术鉴定等资料是否齐全并及时归档； ④项目实施的人员条件、场地设备、信息支撑等是否落实到位
产出	产出数量	实际完成率	项目实施的实际产出数与计划产出数的比率，用以反映和考核项目产出数量目标的实现程度	实际完成率=（实际产出数/计划产出数）×100%。 实际产出数：一定时期（本年度或项目期）内项目实际产出的产品或提供的服务数量。 计划产出数：项目绩效目标确定的在一定时期（本年度或项目期）内计划产出的产品或计划提供的服务数量
产出	产出质量	质量达标率	项目完成的质量达标产出数与实际产出数的比率，用以反映和考核项目产出质量目标的实现程度	质量达标率=（质量达标产出数/实际产出数）×100%。 质量达标产出数：一定时期（本年度或项目期）内实际达到既定质量标准的产品或服务数量。既定质量标准是指项目实施单位设立绩效目标时依据计划标准、行业标准、历史标准或其他标准而设定的绩效指标值

146

续表

一级指标	二级指标	三级指标	指标解释	指标说明
产出	产出时效	完成及时性	项目实际完成时间与计划完成时间的比较，用以反映和考核项目产出时效目标的实现程度	实际完成时间：项目实施单位完成该项目实际所耗用的时间。计划完成时间：按照项目实施相关规定完成该项目所需的时间
产出	产出成本	成本节约率	完成项目计划工作目标的实际成本与计划成本的比率，用以反映和考核项目的成本节约程度	成本节约率=[(计划成本-实际成本)/计划成本]×100%。实际成本：项目实施单位如期时、保质、保量完成既定工作目标实际所耗费的支出。计划成本：项目实施单位为完成既定工作目标计划安排的支出，一般以项目预算为参考
效益	项目效益	实施效益	项目实施所产生的效益	项目实施所产生的社会效益、经济效益、生态效益、可持续影响等。可根据项目实施情况有选择地设置和细化
效益	项目效益	满意度	社会公众或服务对象对项目实施效果的满意程度	社会公众或服务对象是指因该项目实施而受到影响的部门（单位）、群体或个人。一般采取社会调查的方式

附录二 项目支出绩效评价报告（参考提纲）

一 基本情况

（一）项目概况。包括项目背景、主要内容及实施情况、资金投入和使用情况等。

（二）项目绩效目标。包括总体目标和阶段性目标。

二 绩效评价工作开展情况

（一）绩效评价目的、对象和范围。

（二）绩效评价原则、评价指标体系、评价方法、评价标准等。

（三）绩效评价工作过程。

三 综合评价情况及评价结论

四 绩效评价指标分析

（一）项目决策情况。

（二）项目过程情况。

（三）项目产出情况。

（四）项目效益情况。

五 主要经验及做法、存在的问题及原因分析

六 有关建议

七 其他需要说明的问题

案例二
某市国资整合重组项目

张 磊

摘 要：

客户为某县级市，为了满足发展需要，更好地提升投融资能力，某市启动国资重组。希望通过国资重组，能够将全市国有资产进行集中，一方面通过重组，提升资产规模和信用评级，更好地提升融资能力；另一方面，改变过去国资小、散、乱的管理现状，通过整合，实现国资企业的发展，提升业务竞争力。中国投资咨询有限责任公司项目组与客户进行合作，项目自2019年10月开始，通过系统的调研，对全市国资现状和问题进行梳理，制定国资重组方案，理顺国资监管机制，2020年1月项目圆满结束，经过近18个月的实践验证，项目成效显著，国资带动作用得到了更好的发挥，并助力区域产业及经济发展。

一　项目基本情况

某市国资企业（不计算子公司）总共有 20 多家。主要的问题有：

融资方面，只有 1 家城投平台公司，但是规模小、负债率高，融资能力低，承担不了支撑区域发展的责任；

国资布局方面，各家国资企业遍布在公用事业、工程建设、房地产、农业等行业，业务布局分散、低效，亟须清理、整合，集中力量打造优势业务板块；

资产方面，总资产规模超过 30 亿元，有一定规模，但是负债率高、回报低，亟须提升资产规模、优化结构、提升资产运营效益；

经营方面，总体上造血能力不强，经营效益不理想，国资引领作用发挥受限；

企业管理方面，绝大多数国资企业尚未建立有效法人治理结构，无从发挥法人治理作用，也未建立有效的现代企业管理机制，难以支撑国企改革转型。

二　项目诉求

其一，整合重组打造集团化城投公司，提升融资能力。通过整合重组全市优质资产，打造出资产规模较大、财务报表结构合理、融资能力大幅提升的集团化城投公司。

其二，优化国资布局，提升国资企业在区域发展中的引领作用。通过整合重组，重置业务板块，实现国资布局调整，朝着引领区域发展方向努力。

其三，推动国资国企改革，建立现代企业管理机制，提升经营效益。

贯彻本轮国资国企改革政策要求，以国资整合重组为主线，推动国资国企改革。重点在国资监管方面突破，明确政企、政资边界，激发企业活力。同时，推动建立现代企业管理机制，提升效益。

三 项目过程

为完成整体国资整合重组工作，项目组按照以下步骤开展工作。

（一）全面调查研究，掌握第一手资料

项目组根据所制定的调研计划，实地走访全市相关国资企业，对相关负责人、中层干部以及员工开展深入访谈。根据访谈情况，从国资布局、国资监管、企业发展、内部管理等方面深入分析，诊断当前全市国资企业所面临的问题，为国资企业整合重组奠定坚实基础。

（二）开展顶层设计，全局视野推进整合重组

根据全面调研所掌握的诊断情况，结合全市发展规模，从国资布局、国企引领作用等方面开展顶层设计，主要包括以下内容。

优化国资布局。应该朝着什么方向开展整合重组工作，需要布局什么产业，这是顶层设计需要重点考虑的问题。根据当地资源禀赋以及规划发展方向，梳理出了国资布局方向：战略核心产业为现代服务业，战略发展产业为贸易物流业，战略转型产业为公共事业，战略机会产业为文旅、现代农业等（见图1）。

图1 某市国资布局

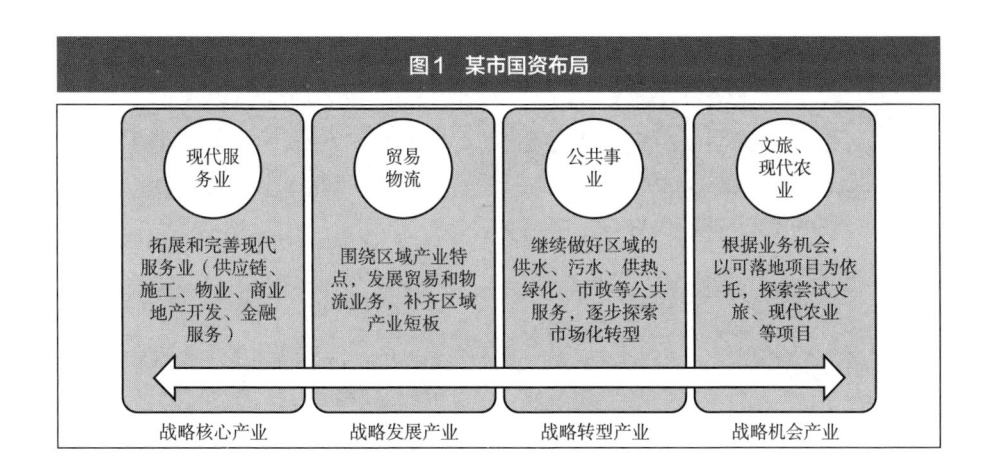

现代服务业	贸易物流	公共事业	文旅、现代农业
拓展和完善现代服务业（供应链、施工、物业、商业地产开发、金融服务）	围绕区域产业特点，发展贸易和物流业务，补齐区域产业短板	继续做好区域的供水、污水、供热、绿化、市政等公共服务，逐步探索市场化转型	根据业务机会，以可落地项目为依托，探索尝试文旅、现代农业等项目
战略核心产业	战略发展产业	战略转型产业	战略机会产业

整合重组设计。针对当地城市开发建设、融资以及保税区建设运营的需要，分别组建城投集团以及服务保税区的投资集团，既避免了一家独大组建一家集团，同时又满足了融资以及创造新经济增长点（保税区）的现实需求。整体上，将原近30家国企整合为两大集团（见表1），两大集团根据发展需要在整合过程设置业务板块，避免为整合而整合，要以发展的思维推进整合并且根据业务板块设计，规划两大集团的发展路径，以及寻找可能的进入资本市场之路。同时，整合市上相关优质资产，设计划入整合重组范围。

表1 某市国企整合情况

序号	整合后（新名称）			现状（原名称）	资产划转方式
	一级公司	二级公司	三级公司	待整合重组公司（股权关系）	
1	城投集团			城建投资公司（污水处理厂、供热公司、自来水公司等，均小于26%）	自来水公司、污水处理厂、供热公司股权全体划转到国资局，以城建投资公司为主体组建城投集团

续表

序号	整合后（新名称）			现状（原名称）	资产划转方式
	一级公司	二级公司	三级公司	待整合重组公司（股权关系）	
2	城投集团	保障性住房公司		保障性住房公司（城投公司100%）	保持不变
3	城投集团	城投房开公司		城投房开公司（城投公司100%）	保持不变
4	城投集团	城投建设公司（新组建，为城投集团子公司）		代建中心（对口支援单位所属）	移交到城投建设公司
5	城投集团		市政工程公司	市政工程公司（国资局100%）	股权划转到城投建设公司
6	城投集团		项目管理公司	工程监理中心（国资局100%）	股权仍由国资局持有，城投集团代管，城投建设公司实际管理
7	城投集团		审图公司	审图中心（国资局100%）	
8	城投集团		工程检测公司	工程检测中心（国资局100%）	
9	城投集团	城市服务管理公司（新组建，为城投集团子公司）	城建物业公司	城建物业公司（城投公司100%）	股权划转到城市服务管理公司
10	城投集团		××物业公司	××物业公司（城投房开公司85%，房地产综合开发公司工会委员会15%）	城投房开公司股权划转到城市服务管理公司，工会委员会股权今后逐步收购、退出
11	城投集团		殡葬服务公司	殡葬中心（国资局100%）	股权划转到城市服务管理公司
12	城投集团		××科贸公司	科贸（国资局100%）	股权仍由国资局持有，城投集团代管，城市服务管理公司实际管理
13	城投集团		××物业公司	物业服务中心（国资局100%）	
14	城投集团	××农业公司（代管）		××农业公司（国资局100%）	股权仍由国资局持有，城投集团代管
15	城投集团		供销社公司	××供销社（国资局100%）	股权划转到××农业公司
16	城投集团			生态综合园艺场（国资局100%）	完成债权债务处理后予以注销，资产注入××农业公司

续表

序号	整合后（新名称）			现状（原名称）待整合重组公司（股权关系）	资产划转方式
	一级公司	二级公司	三级公司		
17	城投集团	××交通旅游公司		××交通旅游公司（国投公司100%）	股权划入城投集团
18	城投集团	供水公司	供水公司	自来水公司（国资局100%）	污水厂划入自来水公司
19	城投集团		排水公司	污水处理厂（国资局100%）	
20	城投集团	供热公司		供热公司（国资局100%）	股权划入城投集团
21	城投集团	××环保公司		垃圾处理厂（国资局100%）	股权划入城投集团
22	城投集团	公共交通公司		公共交通公司（国投公司100%）	股权划入城投集团
23	城投集团			便民房地产交易中心、建设工程建设交易中心、××商贸有限公司、××公司、××环卫公司	注销，资产注入城投集团资产管理公司
24	国投集团			国投公司（国资局100%）	股权保持不变，以国投公司为基础组建国投集团
25	国投集团	西部××公司		西部××公司（国投49%，××公司51%）	股权仍由国投集团持有，并争取实现控股
26	国投集团	××公司		××公司（国资局100%）	股权划入国投集团
27	国投集团	租赁服务公司		粮油供应公司（国资局100%）	股权仍由国资局持有，国投集团代管
28	国投集团	福利公司		福利公司（国资局100%）	
29	国投集团	电影院		电影院（国资局100%）	注销，资产划入国投集团

完善国资监管机制。国资整合重组有必要按照本轮国资国企改革政策（见表2）、趋势，完善国资监管机制。整合重组是国资企业发展的第一步，发展得如何，取决于国资监管机制是否及时跟进，因此，完善国资监管机制可以为企业发展保驾护航。完善国资监管机制，重点在于明确国资监管机构与国企的权责边界、完善国资企业的激励机制。只有按照国资国企改革政策要求，建立现代化国资监管机制，才能避免整合重组所带来的大好局面被破坏。只有通过监管机制的完善，才能从根本上保障企业经营的合规，激发企业经营积极性，把整合后的企业做实做强，从而获得具有可持续性的融资能力。通过建立经营授权清单、国有企业负责人薪酬绩效管理、国企工资总额预算管理等机制，两大集团奠定了夯实的业务经营基础。

表2 国资监管体系文件

序号	类别	文件名称	文件内容
1	国资授权经营管理体系	《××（×号）国有监管企业监督管理办法》	建立健全以管资本为主的国有资产监督管理体制，提升国资监管企业的管理效率及经营效率。明确企业投融资、人员变动、重大事项、资本收益、财务管理、经营业绩考核等监督管理范围
2		《××（×号）国资监管企业经营授权清单》	明确国资监管企业授权边界，包括审批事项、实施依据、权责范围、审批单位等
3		《××（×号）国资监管企业报告管理办法》	建立健全报告管理机制，明确报告事项、报告方式及报告频率等，加强对各国资监管企业的监督与控制，提高工作质量和效率
4	薪酬管理体系框架设计	《××（×号）国资监管企业工资总额预算管理办法》	进一步完善国资监管企业收入分配管理调控机制，建立与企业效益（净利润、净资产回报率、营收等）挂钩的薪酬总额管理方式，对国资监管企业进行薪酬总额管理
5		《××（×号）国资监管企业负责人经营业绩考核及薪酬管理办法》	建立健全有效的国资监管企业负责人激励约束机制，优化企业负责人薪酬与绩效考核管理方式。企业负责人薪酬包括基本年薪、绩效年薪和任期激励；负责人绩效考核包括经营业绩考核与任期业绩考核

续表

序号	类别	文件名称	文件内容
6	薪酬管理体系框架设计	《××（×号）国有监管企业薪酬管理指导意见》	进一步规范和完善企业薪酬管理，建立国资监管企业薪酬分配的激励与约束机制。拟建立以岗位工资、绩效工资、效益奖、总经理特别奖、任期激励、股权激励、津贴和福利等为主的薪酬管理体系，对国资监管企业薪酬设计方面起到指导性作用，充分激发企业员工的积极性和创造性

建立现代企业管理机制。整合重组必须保障整合后企业能够接得住、接得稳，企业管理机制是最坚实的保证。实践中，相当多的整合重组案例之所以效果不好，原因不在于资产规模不够大、资源不够优质，而是缺少有效的管理机制，将资源有效转化为效益，徒有资产规模是不能持续支撑融资的。在整合重组后，企业要尽快构建、制定科学规范的法人治理结构、战略规划，设计组织架构，明确组织管控模式，建立激励机制等现代企业管理机制。这并非可以一蹴而就，两大集团优先开展了法人治理优化、战略规划等工作，较好地建立了决策机制以及明确了发展方向。

在整合重组设计过程中，充分和券商、会所、律所等中介服务机构保持协作、沟通，避免将整合重组与融资的最大现实需求割裂开来，始终将整合重组设计优先满足融资的需求作为第一考虑。并且，确保整合重组合规合法，避免盲干。

（三）精心辅导，推动整合重组落地实施

从顶层设计到最终完成整合重组，仍然有大量的工作需要开展，琐碎而繁重，项目组精心协助推动实施。以会所针对国资企业清产核资为基础，系统梳理资产存在的问题，针对性地拟定具体处置建议（见图2）。

图2　中国投资咨询有限责任公司对资产处置的建议

- **对于公益性资产**
  - 可由国有企业进行投资建设，在竣工结算后，其资产由政府收回或者回购，减轻企业非经营性资产折旧负担。该资产可由政府以委托方式交由国企运维，为国企创造现金流。

- **对于各公用事业企业**
  - 对于自来水公司、污水处理厂、垃圾处理厂、供热公司、公交公司，责成各企业进行收入—折旧或者成本规制测算，明确经营性缺口，由财政予以一定补贴（在财政困难情况下，可先行挂账），帮助国有企业降低折旧压力，同时也是为助力城投集团轻装上阵。

- **对于未入账土地**
  - 国资局牵头，组织责任单位与国土自然资源局对接，对属于划拨目录土地按照无偿划拨土地政策划拨，办理相关产证，实现入账。若无法无偿划拨，由责任单位先交纳相关费用，纳入经营成本，由财政予以补贴返还。对于所欠土地使用税，先行由公司缴纳，计入运营成本，进行财政补贴。

- **对于注销企业**
  - 根据法律程序进行清算债权债务，完成注销后，其若有剩余资产（包括债权、目前未入账资产）按照国资企业整合重组方案要求转入相应公司。

- **企业对政府专项应付账款**
  - 实际为财政出资，为各项公益性项目建设，完工后移交政府，进行账务冲减。企业对政府应付账款以及其他应付账款，根据应付账款分析情况，在条件允许情况下，调整为政府对企业投资，转入企业注册资本或资本公积，相应调整账务，减轻企业负债。

将优质资产划入，使无效、低效资产退出，轻装上阵，减少历史包袱。针对人员安排问题，总体上以"人随资产走"为总原则，通过合理方式尽量减轻人员负担以及规避可能的劳动纠纷。通过项目组持续的协助，最终按期完成整合重组工作，工商登记注册变更顺利完成，管理机制快速建立，未发生任何纠纷事件。

最终，全市国资企业整合为两大集团，城投集团专注于城市开发投资建设运营，资产规模占据全市国资80%以上，为下一步的融资和城市开发打下了坚实基础；投资集团专注于保税区投资建设运营，为全市新的经济增长点开拓提供了无限可能。

（四）立足当下，谋划未来，推动片区综合开发

重组不是目的，发展产业、规划项目，是客户发展的核心诉求。项目组结合客户实际，以贸易+物流为核心，建议其开展片区综合开发，一方面提升资产规模和资产质量，另一方面不断提升运营管理能力，完成市场化转型。

四 经验总结

抓住提升融资能力的现实需求，围绕如何有效提升国企融资能力为整合重组第一出发点。整合重组应重点考虑资产规模、资产结构、未来收益、持续经营能力等影响融资能力建设的要素。

不为整合重组而整合重组。在满足融资能力提升需求的基础上，要对整合重组做精心设计，而不是将各种国有资产简单堆砌，不是单纯凑一份资产负债表出来。必须从长远考虑，从国资布局、从国企的发展引领、从国企的社会担当高度着眼，打造出可持续经营、推动地区高质量发展的国有企业集团。

制订明确的实施计划（见图3），组建国资国企改革领导小组和工作小组，落实责任单位，并对责任单位进行考核，确保国资重组工作按计划推进，有序落实。

图3　某市国资企业整合重组工作计划分解表		
工作事项	责任单位	配合单位
1. 国资企业整合重组启动会	××市国有企业改革领导小组	国有企业改革领导小组成员单位、主要国资企业
2. 企业改制及清产核资工作		
2.1 企业清产核资	市国资局	市属国资企业
2.2 企业改制	市国资局	市属需改制企业
3. 国有资本投资运营公司组建		
3.1 城投集团、国投集团重组	××市国有企业改革领导小组	相关委办局、相关国资企业
3.2 城投集团、国投集团领导班子确定	××市国有企业改革领导小组	市纪委、市委组织部、市发改委、市财政局、市国资局、市人社局等
4. 国有资本投资运营公司法人治理		
4.1 城投集团、国投集团法人治理结构建立	城投集团、国投集团	国资局
4.2 城投集团、国投集团工商登记变更	城投集团、国投集团	国资局、市场监督管理局

各方分工协作，合规有效。咨询机构与其他融资、审计、法律等中介服务机构应根据各自业务分工做好协作，避免一家闭门造车。同时，更要国资企业、国资监管机构以及相关政府机构做好协作，必须破除这是某一企业、某一单位的事情的观念，必须提高政治站位，协作推进。同时，更要在程序上、操作上，按照法律法规、政策要求，步步合规，坚实有效。

案例三
某市国资重组和债务风险化解推动投融资能力提升项目

张 磊

摘　要：

客户为某市，某市由县成市后需要大发展，先后组建了近 20 家融资平台公司，对某市的发展起到了非常重要的推进作用。但随着地方政府隐性债务风险化解的要求提升，和融资平台自身转型发展的需求增加，更好地发挥融资职能、提升融资能力、促进平台市场化转型，成为客户的核心诉求。中国投资咨询有限责任公司项目组从客户实际情况出发，协同会计师事务所、金融机构，为其提供一揽子式的国资重组和债务风险化解的方案。

案例三 某市国资重组和债务风险化解推动投融资能力提升项目

一 案例背景

为主动适应经济发展新常态，推进市本级国资营运公司整合转型，着力调整国资运营公司结构布局，理顺国有资产监管体制，壮大国资营运公司规模实力，推动国资营运公司逐步建立健全现代企业制度，根据《中共中央、国务院关于深化国有企业改革的指导意见》的要求，某市启动国资重组及债务风险项目（以下简称"本项目"）。

二 案例事件及过程

（一）现状调研及分析

根据项目开展的需要，通过访谈和资料分析等方式，系统梳理了某市本级资产情况、产业情况、国资管理情况及平台公司运营管理情况，某市国资存在如下主要问题。

从资产情况来看，资产结构有待优化，非经营性资产规模较大，包括多个事业单位办公楼、用地、大量基础设施、在建工程等，经营性资产规模相对较小。同时，资产以公益性为主，资产的营利性天然缺失，资产收益率较低。市本级营运机构总资产超600亿元，分布在近20家机构，其中城投公司资产规模最大为超百亿元，资产规模最小约一千万元（见图1）。

从债务来看，一是债务规模较大，偿还难度较高，对市财政造成较大

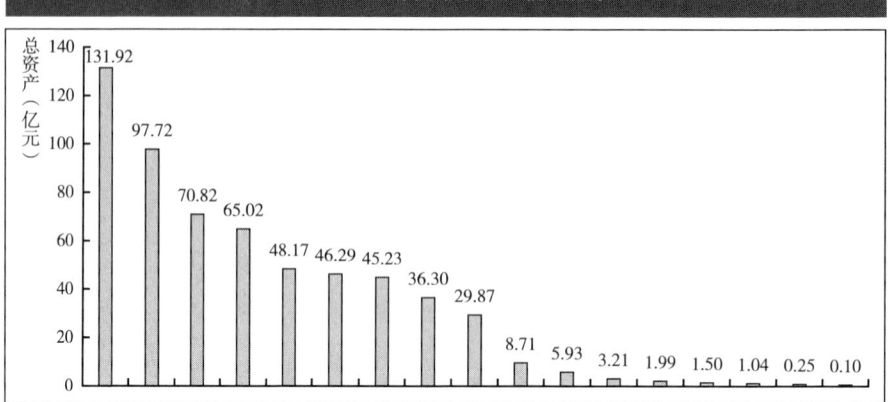

图1 市本级营运机构资产情况统计

总资产（亿元）：131.92、97.72、70.82、65.02、48.17、46.29、45.23、36.30、29.87、8.71、5.93、3.21、1.99、1.50、1.04、0.25、0.10

压力，还本付息占到当年财政支出的60%以上。二是债务增长过快，风险偏高。债务规模年均10%～20%的高速增长，地方政府债务率高企，债务风险化解压力较大。三是债务期限错配较为严重，资产回报率较低，变现能力较差，造成一定程度的短贷长投，流动性风险较大。

从经营能力来看，各平台公司缺乏明确的主业定位，平台化严重，经营能力不足，无法参与市场化竞争，主要收入来源为政府，无法实现可持续发展。

从融资能力来看，各公司资产存在一定程度的小、散、弱的问题，融资能力不足，融资成本相对较高，融资手段相对较少。

从国资管理来看，过去的管理在一定程度上是粗放式管理，缺乏对资产系统性的全貌梳理，存在一定程度的资产不明、资产不清、资产管理混乱等问题，历史遗留问题较多，不利于公司转型发展。

（二）顶层设计

从实操层面推进改革方案落实的角度出发，统筹考虑某市国有资产的运营现状，结合国资营运公司转型发展的战略需求，侧重方案的可行性和可操作性，从债务化解、债务风险防范和资产重组等方面进行分析，探索改革路径。

1. 系统性债务风险化解——善医未病、防患未然

通过对债务风险的系统性分析，制订系统的债务风险化解方案。一是开展系统的资产清核、债务风险梳理，对国资和债务风险进行系统性摸排，夯实管理基础，为后续改革奠定基础。二是制订针对性债务风险化解方案，针对不同公司不同的债务，明确每一项债务的化解方式和还款来源，保障风险可控。三是对债务风险进行系统评估，建立风险应急预案（设立债务风险防控基金），确保风险应对及时有效。四是明确组织责任，组建专项工作组，制定明确的路线图和时间表，确保各项工作落实。

2. 制定国资重组方案——治标治本

由于市本级营运机构成立至今单纯作为政府融资平台存在，从未参与市场竞争，所以其在向市场化转型过程中将面临众多的挑战。与此同时，在改革过程中政府项目的资金需求和建设进度依然需要得到保障。改革主要内容包括以下几个方面。

组建若干产业集团，通过资产调配提高其营运机构的市场化融资能力，分担政府债务。经重组，成立城投、交投、旅投、农投、开发区集团（见图2），各公司主业清晰，资产负债率相对处于合理区间（见表1）。全面盘点资产和债务情况，按照资产属性和盈利能力进行分层分类，根据各产业集团承担债务情况和拓展市场化业务的需要合理分配资产。

图2 某市重组成立的产业集团

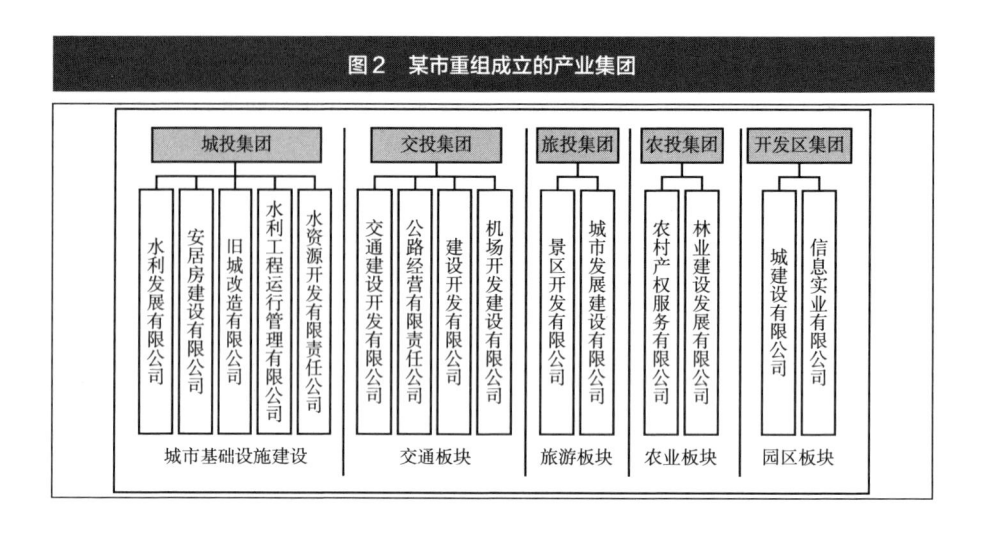

- 城投集团
  - 水利发展有限公司
  - 安居房建设有限公司
  - 旧城改造有限公司
  - 水利工程运行管理有限责任公司
  - 水资源开发有限公司

  （城市基础设施建设）

- 交投集团
  - 交通建设开发有限责任公司
  - 公路经营有限公司
  - 机场开发建设有限公司

  （交通板块）

- 旅投集团
  - 景区开发有限公司
  - 城市发展建设有限公司

  （旅游板块）

- 农投集团
  - 农村产权服务有限公司
  - 林业建设发展有限公司

  （农业板块）

- 开发区集团
  - 城建设有限公司
  - 信息实业有限公司

  （园区板块）

表1 各公司的资产负债情况

单位：元，%

序号	清产核资单位	按汇总统计资产总额	按合并统计负债总额	资产负债率
1	×××城市建设投资有限公司	29164223414	16435624276	56.36
2	×××旅游投资发展有限公司	11969327264	4526724011	37.82
3	×××农业投资发展有限公司	923934924	493962736	53.46
4	×××交通投资发展有限公司	880644134	297671067	33.80

重点项目落地和产业扶持。以重组后产业集团为主体，提升产业集团投融资能力，进行重点项目的实施落地，不断扩大产业集团的资产规模，助力产业发展。同时，以购买服务、代建费、特许经营、经营性资产和项目注入等方式，不断扶持和提升国资经营管理能力，助力其走出去参与市场竞争。

理顺政企关系，推进国资国企改革。重组后，要处理好政府与市场、政府与社会的关系，抑制举债冲动。明确各地方政府融资平台的使命、任务、定位和目标，充分发挥市场在资源配置中的决定性作用，落实企业投资主体地位，逐步建立市场引导投资、企业自主决策、融资方式多样的投资体制。

（三）实施落地

由于五大集团在资产和债务等方面存在差异，以及所处产业的特性不同，每个产业集团完成过渡期的时间也不相同。在改革过程中，需根据各集团实际进展情况，以分步走为主要思路，逐步做实，逐步完善。

对近 20 家公司按业务相关性进行整体划转，将各项资产划转进入各业务集团，形成五大业务集团。明确各业务集团的定位、主营业务和资产整合范围，形成各个集团内部资产、现金流、利润的良性循环，保证各个集团可持续发展。

对于资产划转中存在的问题，如资产抵押/质押、资产账实不符、账外资产、往来账款等问题，各个分析，逐个击破，力图从根本上理清并解决资产存在的问题。

对于往来账的处理，中国投资咨询有限责任公司提出 5 套方案（见表2），根据实际情况进行分析，权衡利弊，最终选择方案 C 和 E 相结合，近期进行债权债务关系转换，远期逐步通过资产注入、增加注册资本金等方式，逐步从根本上解决历史遗留问题。

方案	主要思路	优点	缺点
A	统一核销	一刀切，一次性解决问题	（1）可能造成资产大幅缩水； （2）可能造成资产负债率大幅变化； （3）涉及审计风险
B	债权债务关系统一转至国资委	1）操作简便； 2）资产规模、负债率等均不造成影响	没有从根本上解决问题，财政缺口依然存在

表2　中国投资咨询有限责任公司提出的往来账处理方案

续表

方案	主要思路	优点	缺点
C	债权债务关系转换,国资委缺口补足	资产规模、资产负债率均不发生变化	缺口部分近期国资委依然没有办法解决
D	债权债务关系转换,城投缺口补足	保障资产规模不大幅缩水,资产负债率不会发生太大变化	(1)对城投资产负债率造成一定影响,资产规模缩减; (2)缺口补足部分,涉及外部审计问题,存在法律风险
E	债权债务关系转换,通过资产划转进行缺口补足	资产规模、资产负债率均不发生变化	需向城投公司注入新的资产或将资产进行再评估
F	债权债务关系统一划入财政局下属金控公司	资产规模、资产负债率均不发生变化	并未从根本上解决问题,往来账问题依然存在

对于挂账不一致、资产不实等问题,要寻根究底,从根本上解决问题。

根据各大集团业务定位,从全市角度进行国有资产盘点,逐步注入其他业务相关资产,增加资产规模,带来稳定现金流,提高自主经营能力。

三 案例结果

资产划转过程中,为全力推进市本级国资营运公司整合转型,特成立资产配置专项攻坚小组,历经3个月攻坚克难,完成对5大集团下属各公司4000余项资产的专项审计、清产核资,并根据5大板块业务定位,对各项资产进行统筹、分析、划转,划转之后各大集团资产与债务规模合理,具有良好的运营能力,为推进本级国资营运公司可持续健康发展、降低政府债务风险提供探索改革发展的新路径。

四 案例评述

（一）国资重组需要处理好存量与增量的关系

国资重组不是国资的简单加总，而是以发展为导向，对现有的国资进行系统梳理，理清存量、理顺存量，是为了更好地拓展增量。通过对存量的梳理，有进有退，对历史遗留问题清理解决，轻装上阵。拓展增量，是国资重组的目的，通过对存量的梳理和重组，寻找新的发展空间，拓展增量，不断优化国资布局，推进国资市场化转型。

（二）国资重组要坚持"两匹配，一分离"的原则

"两匹配"，即资产和债务相匹配、资产和业务相匹配。资产和债务相匹配，就是要通过重组，重构公司业务结构和报表结构，确保每家公司资产和负债处于一个相对合理的范围，构造或优化公司资产、现金流和利润，实现公司的可持续发展。资产和业务相匹配，就是按照主业相关性，对资产进行重组，将与主业相关的经营性资产划入相关企业，形成主业清晰、能够实现经营利润或自平衡的业务模式，资产与业务相匹配。

"一分离"，即资产和运营分离。投融资平台资产多为基础设施类或投资收益较低或回报周期较长的资产，资产本身的经营收入存在一定程度的难以覆盖财务成本或折旧成本等问题，导致经营效益难以体现，不利于业务能力提升。为此，一般建议将资产和运营分离，集团整体承担资产运作，通过融资和资本运作，确保现金流和资产规模。同时将更多的经营下

放，形成独立的经营主体，有利于培育经营主体市场化竞争能力，逐步形成市场化竞争力。

（三）国资重组事无巨细，需要系统的统筹谋划

国资重组不是国资的简单加总，不仅要考虑资产规模的扩大，以更好地提升融资能力，还要考虑如何通过重组，优化资产结构和业务布局，为未来留足发展空间，促进国资公司市场化转型，实现业务的可持续发展。所以，国资重组不单单要从投融资出发，同时要进行企业监管，明晰企业发展战略，完善组织管控和激励机制，实现业务的转型，更要实现管理的转型。

（四）充分利用专业服务机构，让专业的人做专业的事

国资重组涉及资产、融资、企业管理、业务规划等多方面，任何方案都需要进行多方的综合考量，所以，应明确牵头部门，组建领导小组，聘请专业机构，统筹协调各方，避免闭门造车。

案例四
某地幼儿园"民转公"定制化咨询服务项目

牛嘉 程旭

摘　要：

为贯彻落实《中共中央 国务院关于学前教育深化改革规范发展的若干意见》（中发〔2018〕39号），进一步完善学前教育公共服务体系，实现"到2020年，普惠性幼儿园覆盖率（公办园和普惠性民办园在园幼儿占比）达到80%"，"公办园在园幼儿占比原则上达到50%"的目标，中国投资咨询有限责任公司根据某地教育部门需求，提供幼儿园"民转公"定制化咨询服务。在充分调研和了解该地区现有民办幼儿园情况的前提下，协助当地政府部门组建教育集团公司，教育集团公司在政府的授权下对当地幼儿园资源进行统筹规划，实施集团化管理战略。最终根据幼儿园的不同情况"量体裁衣"，实行"一园一案"，通过附属园办园、子公司办园、深度合作办园多种合作模式实现了该地公办幼儿园在园幼儿占比达50.32%。

一 案例背景

（一）政策要求

《中共中央 国务院关于学前教育深化改革规范发展的若干意见》明确提出学前教育2020年发展目标：全国学前三年毛入园率达到85%；普惠性幼儿园覆盖率（公办园和普惠性民办园在园幼儿占比）达到80%；公办园在园幼儿占比偏低的省份，逐步提高公办园幼儿占比，到2020年全国原则上达到50%。

（二）现实情况

某地"民转公"实施之前有各类幼儿园70所，在园幼儿17105人。其中，民办幼儿园57所，在园幼儿人数13566人。公办幼儿园13所（国办3所、企业4所、事业单位3所、部队3所），在园幼儿人数3539人，占全区入园幼儿总数的20.69%，比"公办园在园幼儿占比50%"低29.31个百分点，需调整学位5014个。

2020年，全国各地大力推进"80%"和"50%"[①]的进程，各地方政府一方面努力挖掘经济潜力，弥补民办普惠园补贴亏空，另一方面发动各方力量新建公办园。

[①] 《中共中央 国务院关于学前教育深化改革规范发展的若干意见》提出，"到2020年，全国学前三年毛入园率达到85%，普惠性幼儿园覆盖率（公办园和普惠性民办园在园幼儿占比）达到80%"，"按照实现普惠目标的要求，公办园在园幼儿占比偏低的省份，逐步提高公办园在园幼儿占比，到2020年全国原则上达到50%"。

二 案例事件及过程

（一）指导思想

以科学发展观为指导，促进教育公平，以整合教育资源为原则，加强师资队伍建设，进一步深化学前教育改革与发展，大力实施集团化管理战略，促进该区学前教育质量整体提高，不断满足人民群众对优质教育资源的需求。

（二）工作目标

为落实《国务院关于鼓励社会力量兴办教育促进民办教育健康发展的若干意见》（国发〔2016〕81号）要求，提高普惠性幼儿园覆盖率和公办园在园幼儿占比，提升该地区幼儿园整体建设水平，走集团化发展的办园模式，打造幼儿园集团化发展、连锁式经营的核心竞争力，该地区规范管理、提高质量、促进学前教育均衡发展，构建"广覆盖、保基本"的事业发展格局，从根本上解决"入优质园难、入优质园贵"的问题，促进学前教育公平。

（三）工作思路

本次方案设计采用了契约化的集团化管理，即设立该地区的教育集团公司，通过在教育集团公司与有意向合作的民办幼儿园之间建立契约关系，最大限度地实现人、财、物的高效分配与使用，发挥整体效应，合理地降低办学成本，促进教育集团以及各幼儿园持续良好运营。

（四）实施重难点

1. "公办幼儿园"如何界定

"民转公"真正落实的前提是必须搞清何为"公办幼儿园"。在全国各地幼儿园"民转公"过程中，为了实现公办园在园幼儿占比达50%的目标，出现了不少新概念下的"公办幼儿园"。有的地方从已有公办园派出一名行政园长和财会人员到民办幼儿园，当地财政不拨付任何经费，幼儿园运营还是依靠保教费；有的地方则采用公办单位享有幼儿园资产名义使用权并占有民办园股份，而不进行人力、财力投入；有的地方"民转公"后，采用"委托民办"的运营方式，形变实则不变；有的地方注册成立公办性质的管理公司，把民办园简单纳入其中，对上汇报是公办幼教公司下属多少所幼儿园。

由于当地政府对于何为"公办幼儿园"并无统一要求，各区县也都是"摸着石头过河"实施"民转公"。为了确保实现真正的"民转公"，在本项目咨询过程中严格遵守《县域学前教育普及普惠督导评估办法》对公办园的规定："公办园是指由国家机构举办，或者国有企业事业单位、街道、村集体利用财政性经费或者国有资产、集体资产举办的幼儿园。"从《县域学前教育普及普惠督导评估办法》可以看出，界定公办园有两个要素：一是主体要素，即幼儿园的举办者必须是国家机构、国有企业事业单位、街道、村集体这类主体；二是客体要素，即必须体现财政性经费或国有资产对幼儿园办园经营活动的支持。

2. "民转公"收费降低，如何保障投资人利益

公办幼儿园，无须缴纳房租，教师工资由国家财政下拨，幼儿园的设施设备购买通过财政资金解决，公办园的收费低是以政府强大的经济支撑为保证的。而民办园所有办园经费都从保教费的收入中支出，若"民转公"后要求民办园按照公办园收费标准收取保教费用，仅仅依靠保教费收入的幼儿园面临生存困境，且民办幼儿园投资人在之前的办学中已投入了时间、精力和资产，并形成了一定的教育品牌。"民转公"幼儿园收费降低，对民办园投资人来说，意味着前期投入和预期收益的落空，如何尊重和保障投资人的合法权益，是"民转公"实施过程中必须关注的重点，也是达成契约合作关系的关键。此时，补贴标准合理与否直接影响着幼儿园转型的积极性。在此次咨询过程中，中国投资咨询有限责任公司针对补贴金额的确定、补贴下发标准、补贴的用途与政府部门进行了多次研讨，最终采用了补贴与绩效考核挂钩的激励机制。

3. 原幼儿园人员安置与债务问题如何解决

首先，民办幼儿园机制相对灵活，但教职工素养参差不齐，可能不一定完全符合《幼儿园工作规程》及相关法律法规的要求，而公办幼儿园对于教职工的任职资格和任职条件一般有明确要求。民办幼儿园的教职工的安置是一个紧迫的问题，处理不好，则可能会产生其他社会问题。其次，众多民办幼儿园办学资金紧张，可能存在不同程度的借款、担保、资产抵押等问题。若幼儿园办园过程中债务问题导致幼儿园不能正常经营，也将产生严重的社会问题。对于此，一方面，要明确规定幼儿园聘任的工作人员应是符合国家和地方相关规定、具有资质的人员，幼儿园投资人应将其团队人员情况全部、真实报送当地教育部门并有义务加强其团队人员管理，团队成员管理与其绩效考核结果挂钩。另一方面，建议教育集团做好民办幼儿园的尽调工作，重点关注担保、借款等问题，并要求民办幼儿园投资人充分说明合作开始前有关幼儿园资产的债务、抵押、质押等情况，以及签署协议明确幼儿园历史债务的承担方式。

（五）合作模式

该区由于民办幼儿园基础条件不同，实践操作中结合以上重点难点问题，根据不同幼儿园具体情况，设计"民转公"模式如下。

1. 模式一：附属园办园

成立教育集团公司自己的附属幼儿园，通过合理设计教育集团与各附属幼儿园运行机制、经营管理权限等，实施在教育集团领导下的经营负责人负责制，落实教育集团为各附属幼儿园"决策中心、财务中心、投资中心、监管中心"的职能。教育集团对附属幼儿园进行管理与监督，享有对附属幼儿园人、财、物统一管理的权利，有权以独立法人主体身份开展幼儿园办园活动。附属幼儿园接受教育集团的统一管理，按照教育集团公司管理体系与制度要求开展办园活动，并遵守教育集团所有公司管理制度。教育集团原则上不直接干预各附属幼儿园的日常办园活动，但通过对各附属幼儿园经营负责人下发目标责任书的方式实施考核，激励其做好团队的管理和幼儿园办园工作，并结合每年度考核结果以实施奖惩的方式向附属幼儿园团队下发办园补贴，行使监督权。

2. 模式二：子公司办园

该地区之前存在PPP模式下实施的幼儿园且特许经营期未届满，鉴于PPP项目下幼儿园资产为当地教育部门所有，为充分利用国有资产，最大限度地发挥国有资产增值保值作用，由教育集团公司与PPP项目幼儿园原中标社会资本协商出资注册组建由教育集团控股的子公司，接受教育集团的管理。在维持原有PPP项目幼儿园合作内容、合作条件、特许经营期以及社会资本投资收益不变的基础上，原PPP项目合同签署主体与教育集团控股子公司签署PPP项目合同三方承继协议，承继协议经政府批准后约定由教育集团控股子公司负责PPP项目幼儿园办园，在剩余特许经营期限内以公办幼儿园的模式继续开展办园活动，同时约定教育部门对子公司所办幼儿园情况实施考核，并根据考核结果向其下发办园补贴。

3. 模式三：深度合作办园

充分学习深圳市、中山市的做法，参考《深圳市公办幼儿园管理办法》《中山市公办幼儿园委托管理工作指引》等，本着"从严把关、好中选优"的原则，在当地民办幼儿园中遴选办园水平高、服务质量好的幼儿园，与其签署公办幼儿园合作办园协议开展深度合作。所遴选出来合作的幼儿园以公办园模式办园，按照普惠性幼儿园收费标准进行收费，自收自支、自主经营、自负盈亏。教育集团公司通过派驻人员、专户管理、财务审计等以"管理输入"的方式对所合作幼儿园人、财、物的管理，教育教学、安全卫生、文化建设、资产管理与维护、教职工聘用与管理等进行监督，督促幼儿园办园行为规范。幼儿园实行理事会领导下的园长负责制，理事会由教育集团派驻人员、园长、教职工代表等组成。为提高幼儿园办学水平，增强其管理责任心，教育集团对幼儿园办园情况实施绩效考核，由绩效考核结果确定办园补贴标准。同时，为激励幼儿园不断提升管理水平和办园质量，要求幼儿园将获得办园补贴金额的20%用于购买玩教具、生活设施和用具等幼儿园设备，10%用于幼儿园环境创设。面对紧急突发事件应做出有效反应，另外还要求幼儿园在专户中留有一定的紧急突发事件备用金。此模式可理解为公办幼儿园过渡模式，其"可进可退"，随着小区配套附属幼儿园的不断建成与开园，公办园在园人数将不断增加，该模式也可适度缩小使用范围。合作期限届满后，届时民办幼儿园投资人与教育集团均有根据合作情况进行选择的权利，双方有权选择进一步合作，也可终止合作。

（六）管理重点

1. 构建管理体系

教育集团建立起科学系统的管理制度和机制，与各幼儿园之间通过完善的管理结构体系，推进管理真正落实到事、责任到人、管理有序。建立集团化管理流程和制度，规范企业制度化管理工作，包括制定各园所的绘本、教学设施、幼儿玩具、娱乐设备等配备均衡和齐备要求，对采购流程、供应商选择流程进行管理等。科学合理划分集团的必管项（投资、财务、审计、绩效等）和或管项（市场、采购、工程等），明确教育集团与幼儿园的流程衔接和部门岗位间的授权机制，避免出现管理混乱、多重管理的局面，以及"一抓就死，一放就乱"的现象。

此外，在软、硬件上保障幼儿平等享有教育资源的基础上，考虑到幼儿园能力禀赋以及享有资源的差异性，鼓励区分办园、特色办园。与此同时，鉴于整体化管理，在政府主导下，鼓励教育集团内部各个幼儿园之间相互交流、取长补短、共同提高，通过优质学前教育资源的管理复制、课程复制和教育理念复制等，促进该地区幼儿园的整体性发展和可持续性发展，真正快速提高该地区学前教育整体水平。

2. 实施绩效考核

当地政府重视自身的管理责任和主导地位，强化监督管理，注重评价评估，切实强化"质量与规模"并重的稳步发展核心，推进幼儿园集团化发展。结合已经制定的相关政策和制度，通过相关调研、专家咨询指导，把握国家相关的政策方针、监管和考核体系，并借鉴其他地区的成功经验，制定适合幼儿园科学切实可行的考核方式、考核内容并科学运用考核结果。评价体系内容从全面、科学、合理出发，考虑不同合作模式下幼儿园的特殊性，量体裁衣，并结合原有针对幼儿园的各类评估评价体系，充分体现出对集团化发展幼儿园评价的特色和创新点,采用了定量与定性评价相结合的方式进行考核。考核内容包含了对政府相关政策、制度落实情况的评价,对财政经费投入使用情况的评价,提供普惠性服务情况的评价等。且考核结果与财政补贴、奖罚制度、绩效年薪等关联,对于切实达到评价体系标准的幼儿园,政府可以有针对性地加大帮扶力度,真正做到以奖代偿、以奖代补。

3. 强化监督措施

完善的监督机制是幼儿园高效运行的重要保障。由于各个幼儿园实行园长负责制,园长在教育集团的总体安排下拥有一定幼儿园自主决定权,自主性较强,因此管理过程中必须强化对各园所的监督。监督有行政监督、自我监督、社会监督等多种方式。行政监督即通过政府行政部门,包括教育局、国资委、卫生局、财政局等部门对幼儿园进行专项监督和审核;自我监督即幼儿园自身,利用教职工代表大会和教师评价系统进行自评,教职工代表大会通过定期开例会的形式对园所的未来发展规划、实践过程中遇到的问题、管理制度的改革和以园长为中心的管理人员的成果等事务进行审议和评议;社会监督采用家长委员会监督方式,作为幼儿园的服务对象,家长享有入园前参观幼儿园和试园的权利、入园后定期参加活动的权利,通过建立完善的网络化家长评价系统的方式来便于家长提出针对性的建议和意见。

4. 突出安全管理

幼儿园安全管理是一项重要工作,为增强全体教职工责任感,确保幼儿园安全工作落到实处,打造平安校园而制定了有效的幼儿入园安全管理措施。项目实施中结合教师、幼儿、软件设施、硬件设施、环境五个方面分析各类事故原因,要求幼儿园分析制定具体预防方案并实施,系统梳理各种可能存在安全隐患的情况,按照系统化、标准化的方式,完成幼儿园安全建设及规范管理,系统提高幼儿园管理过程中安全隐患排查的力度和可实施性，预防各类安全事件的发生，为幼儿提供标准化的安全保持措施和方法，减少幼儿遭受危险的可能性。

三 案例结果

通过在当地国有资产管理委员会办公室全资控股的公司下组建教育集团公司，由当地教育部门授权其对该地区学前教育资源进行统筹规划，教育集团公司根据幼儿园不同情况"量体裁衣"，实行"一园一案"，与不同情况的幼儿园分别签署了《×××公司合作经营协议》《公办幼儿园合作办园协议》《×××项目合同三方承继协议》等协议，最终通过与18家民办幼儿园以附属园、子公司、深度合作办园等多种合作模式实现了地区公办幼儿园在园幼儿占比达50.32%的目标，此时该地区普惠性幼儿园覆盖率也已达80.40%，完成了《中共中央 国务院关于学前教育深化改革规范发展的若干意见》的任务要求。

四 案例评述

（一）"因地制宜，多园多案"，根据幼儿园情况采用适宜模式

严格落实"公办幼儿园"的办园要求，坚持标准条件，规范化实施操作，充分考虑各民办幼儿园在资产、人员等先天条件上存在的差异性，从实际出发，结合当地实际，认真制定有针对性的"民转公"措施，坚决杜绝"一刀切"实践操作，以"既积极又稳妥"为工作原则，以"一园一

案"为基本工作方式,由当地教育部门负责统筹,保持积极审慎的态度,稳步将"民转公"工作实施推进。

(二)"互利互惠,民主契约",充分尊重幼儿园投资人意志

民办转公办,幼儿园主体身份由民办非企业法人转为企业法人,保教费收入降低、税费增加,如何保障合理投资收益是民办幼儿园投资人的核心关注点。当地政府没有把"民转公"作为强制性要求,而是本着付出更多的人力、财力和物力办好学前教育的初心出发,从财政资金上安排幼儿园办园专项补贴,以平等主体身份充分倾听民办园投资人的声音,在尊重幼儿园投资人意志的基础上,通过磋商达成最终合作协议的签署。

(三)"科学考核,绩效激励",实施奖罚科学的管理方式

为弥补幼儿园的办园成本、提高办学水平,也为了激励投资人的幼儿园管理工作责任心,提高财政资金使用效率,幼儿园办园补贴与绩效考核相挂钩。绩效考核内容在当地幼儿园等级评估标准基础上,结合项目情况进行完善,考核标准由安全管理、园务管理、财务管理、教育教学、和谐社会关系五部分组成,此外,还设计一定的奖惩机制,如发生被教育部门责令停止招生或吊销办学许可证、发生安全责任事故等"一票否决"事宜,则无权获得当年度办园补贴;若年度内通过考核扣留了一定补贴经费,也通过奖励方式下发给表现优秀的幼儿园,进一步加强了对幼儿园办园的监督和鼓励。

案例五
浙江省某市交通集团"十四五"规划项目

常宏渊

摘　要：

此次战略规划回顾了企业发展成就与不足，系统分析了内外部发展环境，总结出发展面临的机遇与挑战，从资源和能力方面细致评估企业自身实力，并充分调研标杆企业的最佳实践，在此基础上多次研讨，明确了企业的战略定位、发展目标、产业布局、重点举措、重点项目及保障措施，为浙江省某市交通集团未来进一步整合资源、提升效率，并实现由传统的交通投融资平台向交通产业投资集团转型指明了方向，确定了重大战略任务。

一 案例背景

在一体化的大背景下,浙江省某市将全方位融入长三角一体化,在区域重构中找到并找准自身定位,加强与上海、杭州和宁波的联动发展。根据新出台的《浙江省X市2020年度全方位接轨上海融入长三角一体化工作方案》,浙江省某市将重点围绕交通互联互通、产业转型对接、科创转移转化、信息互通共享、公共服务共享、多元主体对接等六大工程,与上海、杭州、宁波开展全方位、多领域、深层次的交流与合作。同时,前湾新区的建设是宁波贯彻落实长三角一体化发展战略的关键之举,浙江省某市的发展方位、战略定位、交通区位、城市地位等迎来了重要的改变机遇,对浙江省某市在基础设施、公共服务和资源承接上提出了新要求。

因此,集团在"十四五"期间,需要转变经营理念,在紧紧围绕交通基础设施投资建设的同时,应自觉围绕城市的总体发展目标,结合城市发展的特殊机遇,以市场化的方式成为浙江省某市交通基础设施建设运营的主导者,助力浙江省某市在一体化发展中成为产业高质量发展疏解承载区和对外开放桥头堡功能配套区。

二 案例事件及过程

浙江省某市交通集团成立以来,深入贯彻党的十八大、十九大精神,紧紧围绕市委、市政府"六争攻坚",国资国企改革部署要求,攻坚克难、主动作为,全力为打造"外联内畅"的综合交通运输体系做好保障。

积极探索融资创新。积极拓宽融资渠道、创新融资方式,完成公交资产证券化，发行规模4.83亿元，系省内首个AAA级ABS产品；成功发行非公开公司债券，第一期发行5亿元，创2016年以来国内非省会城市同评级企业债券最低利率水平。

持续提升服务效能。优化周边城市客运班线，开通定制班线，完善通勤体系，满足市民个性化出行需求。新增公交车242辆（新能源车142辆），新增和优化调整公交线路127条，开通旅游专线3条，公交出行分担率达到14%。

不断强化提质增效。一是通过调结构，注入优质资产，提高信用评级，降低融资成本，集团资产负债率降低至54%。二是铁路公司创新推行"运贸一体"，每年为集团增加现金流1亿元。三是内挖潜力，完成公运、公交两家修理厂资源整合，积极争取新资产注入，推进政府资产特定问题整改，加大资产处置力度。四是外拓业务，积极推动运输产业提能增质，实现由单一的公路运输向铁路运输、港口码头运输拓展，铁路货物到达品种明显提升，聚实仓储、上海大众汽车整车发送业务等项目成功落地。

（一）指导思想

充分把握国资国企改革转型发展契机以及浙江省某市综合交通运输发展"十四五"规划的工作部署，通过编制兼具科学性和前瞻性的战略规划方案，促进交通集团实现全面战略升级发展，以下为重要指导思想。

积极落实浙江省某市工作部署。以党的十九大精神和习近平总书记系列重要讲话、浙江省某市综合交通运输发展"十四五"规划的工作精神为指导，深入贯彻落实中央经济工作会议及浙江省某市政府的重大决策，主动把握国家战略方向和战略部署，聚焦浙江省某市交通产业发展的"痛点"，充分发挥国有资本的导向作用、国有经济的引领作用、国有平台的聚合作用，做强服务，做大实体，做实支撑，做优延伸，全面支撑和保障长三角一体化的建设。

努力践行地区使命。深刻理解浙江省某市作为长三角一体化核心区在新时代背景下所肩负的新使命，主动对接政府战略部署，服务政府战略意图，高起点谋划战略发展目标，高标准探索战略实施路径，高质量推动战略深化落地，以综合交通投融资建设运营为基础，打造浙江省某市立体交通网络，充分优化交通布局，为浙江省某市加快建设现代化经济体系奠定良好的交通基础。

引领产业创新升级。要充分依托综合交通投融资与产业发展趋势，坚持以消费升级、服务升级、技术升级来引领产业升级，坚持以理念创新、模式创新、供给创新形成产业创新，积极探索新型产业组合，全面布局战略创新业务。大力发展旅游、科技、能源及物流等与交通直接或间接相关的新兴产业，构建现代交通产业生态圈，发展未来综合大交通产业，从而带动产业的创新与转型。

（二）使命愿景

1. 使命：提升城市交通服务能级，提高国有资本运营效率，成为区域经济发展新增长点

浙江省某市交通集团肩负国家及地区赋予的责任与使命，坚持深化国资国企改革，加快转型，实现企业内部管理及业务经营快速、健康发展，以服务浙江省某市交通产业发展为本源，切实履行交通基础设施投资、建设、运营及管理主力军及国有资产保值增值的双重职能，为浙江省某市交通事业发展贡献力量。

浙江省某市交通集团须聚焦"交通+"产业板块，整合区域内旅游、物流、新能源、互联网等资源，坚持以投资为带动，拓展市场化延伸业务,引领区域交通产业高效发展,为交通集团市场化转型带来经济收益的同时带动区域经济高质量发展。

2. 愿景:力争成为"东部沿海领先、全国范围一流"的多元化交通产业投资集团

"东部沿海领先、全国范围一流":助推交通集团做强、做优、做大,着力打造全国一流,具有国际影响力的多元化交通基础设施建设、运营平台,为浙江省某市建设全面体现新发展理念的交通枢纽而努力奋斗。

多元化交通产业:交通集团以商业化转型部署为指导方针,以市场化运作为核心手段,深入推进商业化产业布局打造,即以交通产业为基础,配套拓展旅游、物流、新能源、互联网等产业板块,形成完整的交通产业链,实现跨越式发展。

(三) 功能定位

浙江省某市交通产业投资集团,是市级交通基础设施投资运营平台和综合交通体系建设主力军。承接浙江省某市交通基础设施投资运营平台的战略定位,发挥引领交通产业发展的战略作用,全面推进交通基础设施的投资建设工作,引导交通综合服务体系的全面升级。

(四) 总体思路

深入贯彻落实新发展理念,聚焦市委、市政府赋予交通集团的功能定位,以提供优质交通服务为主轴,贯穿产业发展全领域,赋予产业新内涵,构建以"一体两翼双平台"为核心的开放型产业生态体系,培育"三个新能力",推动"五个新转变",实现产业融合、联动互促、协同发展格局。

1. 构建以"一体两翼双平台"为核心的开放型产业生态体系

一体：是指围绕交通基础设施投资建设形成的主产业链条，立足承接政府项目，积极拓展市场业务。

两翼：是指客运和现代物流两个关键助翼，客运覆盖公交、出租车、长途运输；现代物流覆盖铁路、砂石码头。

双平台：是指综合能源服务平台和智慧交通服务平台。能源平台致力于为企业内外部客户提供综合能源服务；智慧平台，致力于构建链接集团公司总部、各企业、产业链上下游的信息化网络，充分发挥信息技术对集团公司管控和产业运行的支撑作用。

2. 培育"三个能力"

精益运营能力。集团在"十四五"期间将进入发展快车道，要求集团向管理要效益，需要在精益工具、组织支撑、理念共振三个方面齐抓共举，形成现代标准化运营管理体系，优化提升运营质量和效率，实现集团公司、各子公司运营绩效的最大化。

数字赋能能力。数据资产已经成为重要生产要素，数字化转型已成为"十四五"期间国企的确定性方向，交通产业作为数字经济的优势领域，要求集团全力支持能够支撑运营全领域、全过程数据化的信息平台建设，推动信息化、大数据与集团公司管控、产业发展的深度融合，将数字化作为推动集团公司质量变革、效率变革、动力变革的加速器。

开放合作能力。"十四五"时期国际环境、人口、产业、技术和政策等关键因素更新迭代速度将加快，要求集团以更加开放的视野和胸襟，营造开放包容的生态环境，打造多样化的对外合作方式，团结所需各类合作伙伴，引入优质社会资源和成熟经验，充分发挥多方比较优势实现共赢。

3. 推动"五个新转变"

转观念。从聚焦内生驱动发展的观念，向开放合作、价值营销、跨越发展的观念转变。充分解放思想、打开思路，利用集团内外的资源协力提升发展质量和效益。

转定位。从交通与文旅产业型集团转向产融互动的国有资本投资运营公司，完善集团运作体系，明确架构设计、厘清职责界限、强化管控制度，实现企业高质高效运营。

转机制。将人才战略作为集团转型升级的主要抓手，从传统国企机制向市场化的共创、共担、共享、共赢新机制转变，突破性创新激励机制，集聚人才、激发活力。

转模式。从资产整合者、产业链参与者向产业链变局者转变，淘汰落后产能，控制子公司层级和数量，布局价值高地，打通产业链各环节，带动板块协同发展。

转动能。经济增长方式由基于传统模式、依托资源驱动的内生型增长向共生型增长方式转变，通过金融助力、数据辅助联合嫁接各方资源，推动高质量发展。

（五）发展方向

市场化。大力拓展市场化业务，市场化意识成为集团共识，充分发挥市场在资源配置中的决定性作用，合理配置内部资源，积极整合外部资源。以市场需求为导向，深化市场化改革，调整思维方式、发展思路、发展模式、运营理念，完善市场化机构设置、选人用人、科研创新、风险管理等运行机制。用市场标杆评价企业经营效果，建立健全市场化考核机制，推动企业"无限接近市场化"，释放企业活力，提高市场竞争力和发展引领力。

专业化。按照专业领域整合原有业务和资源，组建专业化运营平台。聚焦主业做精、做深、做大、做强，实现规模效应。制定专业化管理机制，打造专业化团队，培育发展优势。形成专业化发展格局，打造一批核心优势突出、竞争能力较强的专业经营企业。

资本化。充分利用金融资本和产业资本，通过对接资本市场，借助多种资本化手段，利用"资源—资产—资本—资金"的形态转化，优化产业布局、补齐经营短板、加快发展速度、放大体系效益，实现国有资本保值增值与国有资本证券化率的提高。

数字化。加强集团大数据和人工智能技术与业务深度融合，加快信息系统建设，推进企业数字化进程。加大数据整合与应用力度，通过大数据分析，形成对经营情况的准确把握和经营决策的有力支持，实现集团公司日常运营、风险防控、监督管理等工作的智慧化。

国际化。以"长三角一体化"国家战略为指引，加快"引进来"与"走出去"的步伐。在"走出去"方面，以上海为桥头堡展开国际业务拓展，尝试走入国际市场；在"引进来"方面，重点引入国外产品、技术、科研人员、先进管理经验等，提升产业竞争力。

三 案例结果

（一）发展举措

集团在"十四五"期间要立足主业，持续做大资产规模，提升融资能力，发展集团资源入口型业务，增加集团经营性现金流，承担浙江省某市公共交通与物流服务平台职能，履行浙江省某市公共交通与物流服务使命，获取数据资产，培育形成新产业和新业态，满足未来战略转型的发展需求。

承接浙江省某市政府重大交通基础设施代建项目，成为交通基础设施建设全市一流、融合交通基础设施建设全市领先、创新交通基础设施建设全市前列的城市交通基础设施投资建设运营商,同时面向市场获取竞争性业务,立足浙江省某市,面向全国。打造集团子公司建工集团,做实建工业务,成为产业经营平台,以形成规模经济效应,进而提升市场竞争力。

提升市域范围内城市公交、出租车、长途客运、城乡客运、场站及客运维修的优良服务,建立功能分级、服务分区的公共交通客运配套体系,贯彻"无缝"衔接理念,实现交通客运设施品质提升。创新业务发展模式,优化客运服务方式,充分发挥资产潜能,打造浙江省某市综合性交通服务平台。

依托市铁路管理处有限公司、市交通物流公司、市龙山港航服务有限公司,成立有总承包资质的集团运输子公司,完善自身物流运输服务能力,采取运贸一体的方式,利用运输代理、货物运输等功能优势,兼营贸易与运输服务,带动物流业务的发展,助推集团经营模式发展新突破,提高融资能力,做大做强国有资本。

把握能源革命、汽车革命和数字革命内在逻辑联系,稳步迈向构建清洁低碳、安全高效的能源体系,立足服务汽车产业和经济社会发展大局,以协同规划和智能控制为抓手,依托市交投综合能源发展有限公司、市石油综合能源销售有限公司,构建交通和能源融合发展新格局,促进交通能源绿色转型。

"互联网+"是以互联网为基础与各领域融合发展的创新形态,浙江省某市作为长三角一体化核心区,大力推进互联网及新业态发展,以引领行业转型升级为目标,推动交通集团发展。

逐步建成"高效、安全、环保、舒适、文明"的智慧交通与运输体系;提供全方位的交通信息服务和便利、高效、快捷、经济、安全、人性、智能的交通运输服务,共同打造智慧交通平台。全力发挥高新技术企业优势,在交通产业建设中发挥信息化支撑作用,努力打造成为以支付清算为基础、以数据产品为核心、以服务输出为支撑的浙江省某市知名、行业领先的高科技数据服务板块。

（二）保障措施

为加快"十四五"规划宣贯落地，集团从组织、党建、制度、资金、人才、文化等六大方面制定保障措施，并将全方位、多举措组织学习交流，分解、细化战略目标并落实到各责任单位，同时建立动态评估机制，根据战略实施过程中的问题进行战略纠偏，保障"十四五"战略顺利推进。

应紧跟国资国企改革步伐，抓住改革机遇，明确改革思路和支撑，企业领导人做好上层政策营销，为交通集团向市场化改革争取更多政策保障，助推公司发展；依据国务院办公厅《关于进一步完善国有企业法人治理结构的指导意见》（国办发〔2017〕36号）等文件精神指导，完善公司法人治理结构，加强和完善党对国有企业的领导，使交通集团充分发挥党组织政治核心作用、董事会决策作用、监事会监督作用、经理层执行作用、专业委员会职能，及时协调解决集团发展中出现的问题，监督检查落实情况。

按照《中华人民共和国公司法》进一步规范和完善现代化管理制度，建立党委会、董事会、监事会、经营层等议事规则及管理制度，并将依法治企与企业制度相结合，在法治框架下实施各项经济措施，确保公司制度、经济合同、重要决策的法律审核把关率达到最优，建立年度风控管理报告制度，同时进一步完善财务、投资、资金管理、融资、人力资源、品牌、文化等制度，构建系统完备、科学规范、运行有效的制度体系，形成集团上下联系紧密的制度系统。

以优质资产收益权及资产周边资源为支撑，产融结合，从银行、证券、基金、保险等金融领域入手形成产融链条，发展金融业务，开拓融资渠道，实现直接与间接融资渠道双流通，进一步提高资金使用效率，保障公司发展使用需求，同时降低融资成本，有效防止金融风险的发生。

以控制存量优化增量为原则，控制交通集团原有业务人员总量，向投融资、"交通+"等战略新兴业务倾斜，依据战略发展方向和集团人力资源现状，了解不同地区人才供给特征，建立并实施针对浙江省某市市场的专门性人才招聘机制，以岗位职责和任职要求为基础，建立明确人才工作年限、专业、经验等标准，提高人才招聘质量和精准度；构建人才招聘平台，扩大招聘品牌的社会影响力，增强对交通、投资等领域高层次人才的吸引力，加大紧缺人才招聘力度。

四 案例评述

交通集团成立之初的主要职能与其他投融资平台相似，旨在为政府城市交通基础设施建设项目提供融资。近年来，集团在承接政府重点项目的同时，依托上级赋予的定位，积极布局物流、能源、建工等市场化程度较高的产业，对企业造血能力的提升做出了有效探索，但目前仍然缺乏市场化的运行机制。因此，交通集团在未来进行市场化转型的过程中，应着重对各业务板块进行系统梳理，通过借鉴标杆企业的市场化运作管理方式，增强自身造血能力。

交通集团通过优化资本结构和生产要素配置，已经形成了客运、货运、能源、代建等业务板块。目前集团大部分项目还处于关键建设阶段，暂未进入集中运营阶段，未来集团是否具备有效运营的能力还需进一步验证。此外，各板块的业务半径还有待拓展，未来集团在运营能力提升、业务模式创新、新业务拓展等方面还需要积极探索。

交通集团整体战略的实现依赖于母子公司之间的有效管控，同时也是集团达到最佳运作效率的保障。交通集团组建成立后，逐步整合各类运营类子公司，初步形成了二级管理架构。此外，集团暂未对各类子公司制定相应的管控模式予以分类授权。因此，集团管控还存在一定程度的权责不对等、管控不适度等问题。未来集团应进一步优化管控模式，以保证总部职能的发挥和各板块间的独立运作、有效协同。

随着交通集团重点项目陆续进入运营期，以及新的业务板块不断拓展，现有的人才力量将远不能满足集团发展的需求。特别是受制于地域因素，专业运营人员的吸引和储备是一大问题。此外，集团目前缺乏较为系统的人力资源规划，亦缺乏对员工的系统培养和职业发展规划，或将进一步加剧未来人才供给不足的问题。因此，交通集团应在积极吸引市场化人才的同时，还应建立系统的人才培养机制，着力提升现有人员的管理、运营能力，以保障满足集团快速发展的人才需求。

案例六
浙江省某市新区投融资规划项目

常宏渊

摘　要：

此次投融资规划系统分析了内外部发展环境，从债务规模、债务来源、债务结构、债务保障能力、再融资能力、可注入资源、重点项目等方面细致评估企业及新区自身情况，在此基础上明确了企业的债务化解方式、未来投融资模式及两者对应的重点举措，为两家企业及新区未来进一步控制债务规模，优化融资结构，聚焦长远发展打好基础。

一 案例背景

与发达国家相比,我国金融市场和资本市场在服务实体经济方面还有较大发展空间,金融资源未能得到合理高效的配置,资本市场在助力国有经济发展和国有企业提高市场竞争力方面的贡献值并不大,仍需不断探索和研究新时代国有企业融资新思路。受经济下行和新冠肺炎疫情的叠加影响,国家采取积极的财政政策,支持基础设施建设,地方财政支出继续增加,可用于化解债务的资金进一步减少。

(一) 中央财政支持力度加大

中央对地方基层财政的支持力度较往年明显加大,减少了地方借债的资金成本。首先,调用"财政口袋"规模大幅增长至近3万亿元;其次,发行1万亿元抗疫特别国债,为地方补充财力,全部利息与30%本金也将由中央财政承担偿还责任,但是并未减轻化债压力。

(二) 财政对基础设施建设倾斜度提高

财政对包括公共卫生领域在内的基础设施建设倾斜度进一步提高,未来地方财政支出预计将继续增长。财政部表示抗疫特别国债主要用途之一为地方公共卫生等基础设施建设,专项债规模扩容74%至3.75万亿元,其中基建占比在政策引导下大幅提高45个百分点至80%。

（三）财政政策仍有调整空间

受大环境的影响，未来财政政策仍存在相机抉择的空间来冲减经济下滑的影响。考虑到新冠肺炎疫情影响的特殊性，财政政策存在动态调整的预期且 2021 年不设限的经济增速目标，两会落地目标赤字率 3.6% 以上，反映了政策的灵活性。

（四）金融监管力度增强

2017 年以来，为防范和化解系统性金融风险，金融行业监管力度加强，城投短期内债务化解面临一定压力。2019 年以来全国各地出台房地产调控政策约 595 次，较 2018 年增长 35%，调控于 2019 年内到达顶峰。调控政策的加码，会影响地方财政的土地出让收入，压缩化债资金来源。

（五）宽松货币政策带来资金面支持

货币供给合理充裕，阶段性来看，流动性保持适度宽松，为地方政府隐性债务化解和城投企业债务周转提供了一定的资金面支撑，但对非标融资或到期债务规模大的城投企业来说，信用风险依旧较高。

（六）城市间协同发展成为趋势

一体化上升为国家战略，区域内实现全面对接，城市间协同发展成为趋势。一体化带来的机遇对化债长期有利，但短期内需要大量投资，给资金面带来一定压力。

二 案例事件及过程

（一）平台公司主要融资方式简介

平台公司的融资方式主要是指企业获取资金的手段、渠道和形式。当前，国有企业融资的方式主要包括直接融资、间接融资以及债券融资和股权融资等。第一种方式，直接融资。其包括公开发行和非公开发行债券。公开发行债券是指通过一定的资本市场发行各类有价证券，例如短期融资券、企业债、公司债、中期票据等。公开发行债券往往受到企业评级、净资产等因素影响，发行规模有限。同时，由于需要进行大量的行政审批，在当前行政规定比较严格的情况下，债券的资金融通能力并不算强。而非公开债券相对而言在利率、期限、程序等方面比较灵活，能够在一定程度上弥补公开发行债券的不足，但其缺点在于市场不大，购买力较弱。第二种方式，间接融资。其是国有企业通过金融机构，利用其中介职能来获取资金的方式，属于企业融资中比较传统的融资方式。其是国有企业重要的融资方式之一，在当前国企融资中占据十分重要的地位。通过金融机构融资的形式通常会受到国家政策的影响和监管，在新形势下，国家对整个经济市场的整治，再加上银行对资金供给、利率、贷款期限等多个方面都采取了一定的限制措施，因此加大了部分国企融资的难度。尽管面临着种种困难，但此举及相关金融机构仍然是国有企业间接融资的重要方式和渠道。第三种，其他方式。即便市场不景气导致国有企业融资困难，探索新的融资模式和融资渠道仍是实现发展、突破瓶颈的必经之路，也是国有企业在当前大环境下发展所必须重视的问题。传统的融资方式在新形势下显然已经无法满足国有企业对资金的需求，故而亟须引入新型的融资方式，以补充企业融资缺口。目前，市面上已知的新型融资方式主要有：通过合资、扩股或者出售部分股权等方式，引入战略投资者，对企业进行股份制改革的融资方式；进行融资租赁，在保留企业资产使用权的基础上，筹集企业所需资金的融资方式；引进保险资金以降低融资成本、延长融资期限的融资方式；现实中，保险资金债券计划已经成为广泛使用的一种新的融资工具，受到了广泛关注。此外，设立投资基金公司，开发金融租赁产品，采用融票、融资、融物等也是提高融资能力的方式。

（二）浙江省某市新区投融资战略

依据浙江省政府化解政府隐性债务时间要求，2022年底须完成政府隐性债务化解。新区投资集团债务多为中短期债，这些资金多用于中长期才能显现效益的项目，存在一定程度的期限错配问题。

债务资金大多投向基础设施建设，这些资产绝大多数是固定资产，流动性不足，变现能力差，当需要通过变现固定资产偿还债务时，因为变现需要时间，可能产生流动性风险，随之而来的是企业的再融资能力不断下降。

新区投资集团债务总规模较大，整体债务负担较重。资产流动性较差，由于投资的基础性设施项目资金回收期较长，应收账款账龄在3年以上的占比高，影响了资金的周转，制约着集团的持续融资能力。集团承担的项目基本上是公益性项目，形成的资产无现金流或现金流远不足以覆盖本息，同时财政无力安排偿债资金，只能由集团通过借新还旧维持，导致债务持续增加，偿债压力大。集团资产结构制约了融资能力，现有经营性资产严重不足，可注入优质资产如财政资金、土地、特许经营权等的较少。因此，需要发掘区属经营性资产，通过资产注入等方式提高融资能力。

近年来，集团资产规模波动增长，主要由土地资产和项目建设成本和其他应收款构成，其他应收款对集团资金占用显著，资产流动性较弱，资产质量一般，ROA 和 ROE 均呈下降态势，未来存在一定集中兑付压力，利润实现主要依赖政府财政补贴。随着代建项目投资规模不断缩小，集团经营活动现金净流出规模不断减少，但经营活动现金流中往来款占比较大，对现金流的稳定性造成一定影响；未来，随着债务的陆续到期和项目的持续投入，集团筹资压力较大。集团收入来源以政府代建项目为主，同时还包含土地整理开发收入、商品房销售收入、资产租赁收入、物业管理收入等。收入主要来源于政府，占比超过 98%，导致公司的盈利能力有限，自身缺乏造血能力。2020 年实际的净利润为负数，主要依靠其他收益中的政府补助进行调节，将净利润扭亏为盈。因此集团不存在可以用来偿还债务的资金。

新区投资集团未来每年的资金需求主要包括两大部分：存量债务每年还本付息资金和在建新建项目投入资金。2020 年下半年资金需求已远超现有债务保障水平，偿债高峰已至，寻求多种化债、融资模式迫在眉睫。

新区控股集团存量债务大部分是为政府项目融资产生。集团目前债务规模不大，但集团造血能力不强，同时刚性支出数额不减。集团融资成本较高，融资机制不够有效，债务结构不够合理，资金成本较高。集团债务主要投向公益性项目，收益能力较弱，较难收回成本。未来几年，因为新区的建设，集团的投资力度将继续加大。同时，集团化债的主要模式是依靠新债换旧债，债务利息不断增加，集团资产负债率持续走高。

集团以流动资产为主，长期资产比例较低，资产流动性良好。资产结构中，常见的可用于抵押和质押的应收账款、可供出售金融资产、土地、房产、固定资产、无形资产等占比较少。在公司的资产结构中，流动资产远大于流动负债，营运资金为 75 亿元，流动比率为 7.7。虽然数据上显示流动性良好，但是资产的可变现能力不足导致公司面临着不小的偿债压力。截至2019年年底，公司经审计的财务报表显示，营业收入2.7亿元。以政府代建项目为主，同时还包含旅游服务收入、旅游运输收入、商品销售收入、服务费收入。收入主要来源于政府，收入占比超过90%；而市场化收入占比仅有8.8%，处于相对较低的比例，导致公司的盈利能力有限，自身缺乏造血能力。集团现有债务保障水平难以对债务进行覆盖，需要通过再融资进行化债，化债高峰期在2024年。由于集团还有大量的融资空间以及新注入的特许经营权可以融资，总体债务风险较低，偿债压力近两年不大，但是需要提升集团自我造血能力，为2024年的化债做好准备。

新区财政一般财政收支形势严峻，基本建设预算对政府已经是很大的负担。政府之前主要通过土地出让和举债解决基本建设的资金问题，由于债务限额管理，政府举债受限，筹措基本建设预算资金变得困难，同时土地出让收益呈萎缩趋势。未来三年内区财政收支将处于入不敷出的状态，巨额存量债务的还本付息以及政府续建和新建项目的资金需求只能通过举借新债解决，所以未来三年内区级政府债务规模将持续扩大，政府将面临严峻的偿债压力。政府解决自身的债务尚且吃力，没有多余的资金解决平台公司的巨额债务。

化解债务，一是尽量减少非经营性新建项目数量，控制债务规模增速。两家企业的存量债务规模大，还本付息压力较大。建议过渡期内政府在保障文化、教育、医疗卫生等民生需求的基础上，尽量减少新建项目数量，控制债务规模增速，缓解重组后企业的债务负担，降低政府性债务风险发生的可能性。

二是债务置换，对过渡期前已有存量债务，尽量置换为期限更长、成本相对较低的债务，为企业开发经营性资产和培育市场化业务争取时间。同时创新融资模式，对过渡期内产生的新增债务，可通过创新融资方式，积极利用社会资本，优化融资结构予以化解。

三是投资经营性项目，建议过渡期内政府在保证民生类支出的基础上，侧重投资能够直接或间接产生经营性资产的项目，聚焦开发区与度假区发展相关项目，提高政府投资资金效率，为企业发展创造优质资产。同时开发经营性资产，新区投资集团和新区控股集团需加快开发经营性资产，培育市场化业务，提高资金使用效率，为企业未来发展打开空间。企业发展空间打开之后，可以通过进一步利用社会资本推动企业快速发展，最终企业在发展中化解债务风险。

三 案例结果

（一）发展举措

集团应控制总量增速、优化融资结构、聚焦长远发展，以时间换空间，以空间换发展，在发展中化解债务。

控制集团杠杆率、降低债务集中兑付压力。积极争取区政府支持，采取PPP模式、专项债券、股权融资、保险资金、企业债券等方式筹集项目建设资金，同时加强与各类金融机构合作，不断优化债务结构，防止债务集中兑付带来的资金链压力过大。

改善现金流、增加净资产规模。现金流和净资产规模是影响企业融资效率的关键因素，尽快从产业发展和融资需求两个维度出发，设立能够产生大额现金流的子公司，尽快落实以增资等方式增加净资产规模。

新区建设项目多，未来3~5年总投资额不低于100亿元，每年不低于20亿元，可以作为新区投资集团现金流重要来源。新区投资集团收购施工企业后，如拥有市政公用工程施工总承包二级资质标准，即可承接政府和区域基建项目，将税收留存于当地的同时可以返还给企业用于化债。新区投资集团收购股权可以达到并表条件即可，且要求被收购企业注册地址变更为浙江省某市新区。新区投资集团也可收购与新区投资集团业务相关且现金流规模大的拟上市公司/上市公司，银行对此类收购配资意愿较强。

建议新区投资集团采取权益类融资，将资产负债率控制在69%以内，建议新增针对未来3年拟新增融资额的40%配比权益工具，权益资金用途灵活可优先偿还短期险、高成本债务；优先采用永续债/类永续，对券商承销能力要求高，综合成本年利率6.5%左右。

公司拿地成本相对较低，但是后续的开发面临较大的融资压力。因此公司可以和社会房企合作，共同开发房地产，利用社会资本缓解融资压力，同时还能借鉴社会房企先进的开发理念，做精做强新区的房地产业务。一是引入外部投资，减轻资金压力。新区投资集团和新区控股集团取得土地之后，以土地资产评估作价入股，引入专业地产公司和外部资本以现金入股，合资成立项目公司，大大减轻资金压力。二是提升开发效率，快速回笼资金，降低财务成本与融资压力。

（二）保障措施

效率保障。以及时满足资金平衡为目标，政府主导、集团作为实施主体、区内各部门配合，明确时间节点，高效解决相关难题。

组织保障。针对新区资金平衡中的重点问题，比如住宅土地指标争取等，政府和集团组建专项小组保证工作落地。

人才保障。引进投融资人才强化集团投融资能力，引进产业人才提升运营效能，以人才保障战略落地。

四 案例评述

经济新常态的到来，为国有企业的发展带来巨大压力，同时也创造了更多的机会，提供了更宽广的发展平台。因此，新时期国有企业必须及时解决融资问题，在确保传统融资模式继续发挥稳定作用的同时，积极探索新的融资方式和融资渠道，为适应新形势下国有企业的可持续发展提供应对策略。同时，鉴于国内融资市场发展与相关法律法规发展极不平衡，政府等相关职能部门应及时根据国内融资市场的特点，完善融资相关法律法规，严格规范融资行为，并全面推广和宣传融资制度，使各个企业能够充分了解融资功能、融资渠道和融资特点，从中选择最适合企业实际发展需求的融资渠道。

一是要尽量减少非经营性新建项目数量，控制债务规模增速。在化债过渡期内，政府在保障文化、教育、医疗卫生等民生需求的基础上，尽量减少新建项目数量，控制债务规模增速，缓解重组后企业的债务负担，降低政府性债务风险发生的可能性。二是要优化融资结构。对过渡期前已有存量债务，尽量置换为期限更长、成本相对较低的债务，为企业开发经营性资产和培育市场化业务争取时间；对过渡期内产生的新增债务，可通过创新融资方式，积极利用社会资本，优化融资结构予以化解。三是要聚焦长远发展。建议过渡期内政府在保证民生类支出的基础上，侧重投资能够直接或间接产生经营性资产的项目，聚焦区域发展相关项目，提高政府投资资金效率，为企业发展创造优质资产。企业自身需加快开发经营性资产，培育市场化业务，提高资金使用效率，为企业未来发展打开空间。企业发展空间打开之后，可以通过进一步利用社会资本推动企业快速发展，最终企业在发展中化解债务风险。

第三部分
产业基金投资
项目案例

案例一
宸芯科技股权投资基金案例

董晶之 何毓嵩 罗 丹 孟成真

摘 要：

宸芯科技股权投资基金作为中咨华澍资本管理（北京）有限责任公司（简称"中咨华澍"）聚焦电子信息行业的重点项目，是中国投资咨询有限责任公司（以下简称"中国投资咨询"）"咨询+资管"业务联动的重要成果之一。中咨华澍团队长期跟踪中国信科集团动态，与之建立了良好的合作关系，获得了参与宸芯科技混改项目的投资机会。通过投资宸芯科技，有助于加快中咨华澍在芯片领域的产业布局，与集团的信息技术投资格局形成联动，提升集团在相关领域的产业影响力，为树立专业品牌形象打下基础。

一 案例背景

2018年4月，美国商务部发布公告称，美国政府在未来7年内禁止中兴通讯从美国企业购买敏感产品。2019年5月，美国禁止中国华为和华为旗下的70家企业在美国的销售和采买行为。2020年，美国制裁升级，禁止台积电、中芯国际、三星等使用美国软件或技术的厂家为华为生产芯片。

回溯2018~2019年，我国拥有庞大的电子制造及大众消费市场，已成为全球最大的芯片消费地区，芯片进口额不断攀升，国内芯片贸易逆差持续扩大。美国对华为的全方位制裁，实际上也是对中国芯片产业链的精准打击。中美贸易摩擦升级和美国制裁加剧让人深刻意识到国内半导体产业在关键技术上的落后和国内缺芯的现实情况。

宸芯科技有限公司（以下简称"宸芯科技"）前身——辰芯科技有限公司（以下简称"辰芯科技"）于2017年3月在上海自贸区成立，注册资本8.16亿元。公司面向智能物联网、专网通信、车联网等多个通信领域专业客户，专门从事自主SDR无线通信SoC研发和设计工作，是行业应用市场的芯片类"小独角兽"企业，也是实现集成电路"自主可控，进口替代"的战略性"国家队"企业。宸芯科技成立于2019年12月，为辰芯科技控股母公司，其实际控制人为中国信息通信科技集团有限公司。中国信息通信科技集团有限公司由烽火科技集团与大唐电信集团于2018年联合重组成立，是国务院直属央企。

彼时，中国投资咨询旗下资管平台仍在发展积累阶段，在专业度、明星案例、品牌知名度等方面存在不足。随着科创板和中国资本市场注册制改革的推进，投资项目将趋于早期化，退出时间也将加快。因此，长期聚焦于新一代电子信息产业的中咨华澍，拟以宸芯科技投资为契机，抓住科创类企业和资本市场改革的发展机遇，加快通信行业上下游产业投资布局，在激烈的市场竞争中谋求生存发展，进一步扩大资管规模、积累科创类明星项目案例，助力集团提升在相关领域的品牌和产业影响力。

二 案例事件及过程

（一）项目接触

2019年，中咨华澍与战略伙伴中国信科集团深度绑定，拟通过投资旗下通信芯片设计"国家队"宸芯科技项目，打破国际垄断，破解中国"缺芯"困局，为国家战略产业转型升级贡献力量。经历持续一年的跟踪对接，中咨华澍与国新基金、国创基金等众多行业领先机构经过多轮竞争，最终拿下9000万元投资份额。

（二）资金募集工作

中咨华澍在设立之初，融资渠道多以政府投资平台、银行、信托等机构客户为主。自2018年中国人民银行、中国银保监会、中国证监会、国家外汇局《关于规范金融机构资产管理业务的指导意见》（银发〔2018〕106号，以下简称"资管新规"）发布以来，市场募资渠道趋于收窄，募资环境日益艰难。中咨华澍团队一方面先后对接潞安集团、广东德赛集团等产业资源，最终拓展北京众和融诚基金管理公司（辽宁新鞍控股实控）管理的鞍山泓盛基金为最大机构有限合伙人；另一方面开拓性地建立了高净值客户渠道，并克服银行托管业务、协会备案材料审核日益趋严的政策困境，最终实现了项目的大比例超募，为公司多元化募资渠道建设奠定了基础。

（三）项目尽调和投资审核

项目确立后，中咨华澍团队即刻着手搜集行业相关资料，快速与宸芯科技对接，获取到公司第一手业务和经营数据。同时，基于与信科集团和宸芯科技长期跟踪建立的信任关系，团队在现场尽职调查环节获得了宸芯科技的积极配合，开展了包括业务尽调、财务尽调和法律尽调工作。2019年8月，目标公司现场尽调工作全部完成。

2019年9月，根据相关资料，中咨华澍团队开始综合行业和市场情况，撰写行业研究报告和可行性研究报告，并分析宸芯科技所在细分市场前景，测算公司的市场增长空间和未来盈利预期。为了更加细致深入地了解市场情况，印证投资逻辑，中咨华澍团队通过行业资源和客户关系邀约到行业内的专家进行访谈沟通，先后对清华大学基带芯片通信专家、海格通信行业专家和一汽集团车联网专家进行访谈，进一步梳理了宸芯科技所在细分市场的行业地位和应用空间，为投资决策提供了重要的论证与支撑。

2019年10~11月，基金管理人严格按照公司内部程序履行项目审批相关手续，由中咨华澍作为杭州华澍天泽投资合伙企业（有限合伙）（以下简称"华澍天泽"）的管理人及执行事务合伙人，对宸芯科技项目进行投资。

2019年11~12月，中咨华澍团队着手基金组建和备案工作，与各投资人充分沟通，签署合伙协议、风险揭示书、风险调查问卷、投资者资产证明等相关文件并落实缴款，选聘上海银行作为资金托管机构。由于中国证券投资基金业协会备案审核时间周期较长，中咨华澍团队在提交审核所需材料文件后，积极与协会沟通进度，交流所需材料，最终于2019年12月31日完成了杭州华澍天泽投资合伙企业（有限合伙）在基金业协会的备案，备案编码SJE770。

2019年12月20日，宸芯科技正式注册于青岛市黄岛区，此次新进战略投资者合计持有宸芯科技37.43%的股权，其中华澍天泽作为新进战略投资者之一，出资9000万元，占其股权的5.81%，并获得董事会观察员席位。2020年1月21日，宸芯科技原有股东，包括电信科学技术研究院、联芯科技、大唐联诚，已经将持有辰芯科技股权变更至宸芯科技。杭州华澍天泽与员工持股平台、其他新进战略投资人同时完成对宸芯科技出资，股权交割工作也顺利完成，交割后股权架构如图1所示。

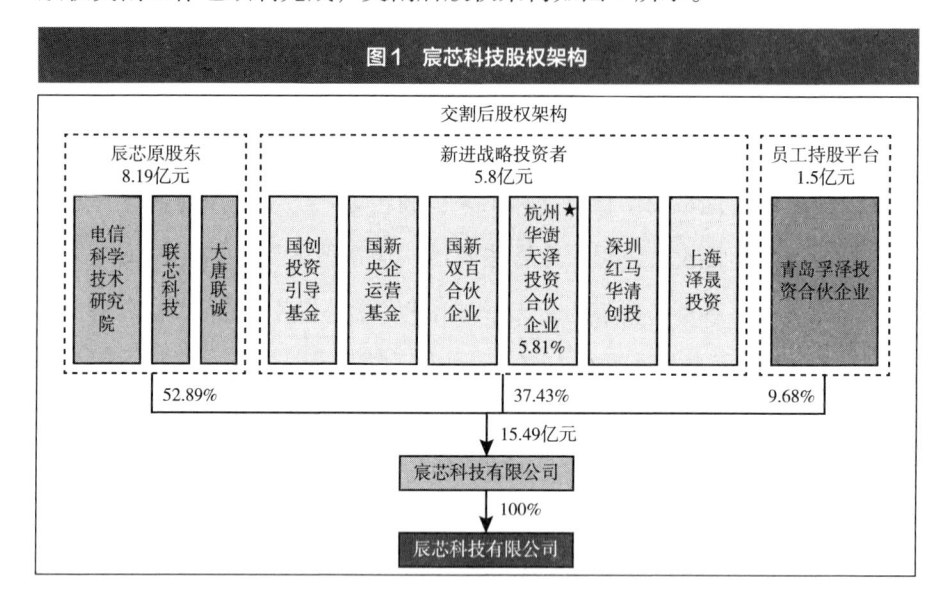

图1 宸芯科技股权架构

```
                          交割后股权架构
┌─────────────────┬──────────────────────────────────────┬─────────────────┐
│  辰芯原股东      │        新进战略投资者                  │   员工持股平台    │
│  8.19亿元        │         5.8亿元                       │    1.5亿元        │
│ ┌──┬──┬──┐      │ ┌──┬──┬──┬──┬──┐                    │   ┌──────┐       │
│ │电│联│大│      │ │国│国│国│杭│深│上                  │   │青岛孚 │       │
│ │信│芯│唐│      │ │创│新│新│州│圳│海                  │   │泽投资 │       │
│ │科│科│联│      │ │投│央│双│华│红│泽                  │   │合伙企 │       │
│ │学│技│诚│      │ │资│企│百│澍│马│晟                  │   │业     │       │
│ │技│  │  │      │ │引│运│合│天│华│投                  │   │       │       │
│ │术│  │  │      │ │导│营│伙│泽│清│资                  │   │       │       │
│ │研│  │  │      │ │基│基│企│投│创│                    │   │       │       │
│ │究│  │  │      │ │金│金│业│资│投│                    │   │       │       │
│ │院│  │  │      │ │  │  │  │合│  │                    │   │       │       │
│ │  │  │  │      │ │  │  │  │伙│  │                    │   │       │       │
│ │  │  │  │      │ │  │  │  │企│  │                    │   │       │       │
│ │  │  │  │      │ │  │  │  │业│  │                    │   │       │       │
│ │  │  │  │      │ │  │  │  │5.81%│  │                │   │       │       │
└─────────────────┴──────────────────────────────────────┴─────────────────┘
         52.89%                 37.43%                        9.68%
                              ↓ 15.49亿元
                        ┌──────────────┐
                        │ 宸芯科技有限公司 │
                        └──────────────┘
                              ↓ 100%
                        ┌──────────────┐
                        │ 辰芯科技有限公司 │
                        └──────────────┘
```

（四）基金投后管理

1. 参与公司治理

积极参与宸芯科技公司治理。杭州华澍天泽作为股东参加宸芯科技2020年第一次股东会，审议通过年度财务决算报告、利润分配方案及亏损弥补方案、年度全面预算报告等章程，约定股东会权限的审批相关议案；

杭州华澍天泽推荐的观察员参加宸芯科技董事会，审议通过年度财务决算报告、利润分配方案及亏损弥补方案等公司章程，约定董事会权限审批的相关议案。

2. 跟踪企业经营与行业风险

密切关注宸芯科技业务情况及产品研发进展，根据公司经营情况按时完成宸芯科技投后管理报告；重点梳理投后关注事项，参与公司经营与管理重大事件，结合业务发展做好投后财务情况分析和盈利预测，至少每季度对项目进行实地考察，了解公司经营状况，并将实地考察结果记录于项目管理报告中；通过投后管理把握和识别可能对公司产生重大影响的风险因素，重视风险防控机制，若发现有重大不利情况发生，可于三天内形成预警机制，并制定应急处理方案。

根据《2020年度财务决算报告、利润分配方案及亏损弥补方案》，2020年宸芯科技实现营业收入同比去年增长52.28%，较投资可行性研究报告预测数据完成率为101.10%；实现毛利润总额同比上升98.35%，预测完成率为150.38%；提前一年实现扭亏为盈，较预测数据增加净利润7451.12万元。

截至目前，宸芯科技业务进展情况良好，财务表现好于预期，项目整体风险可控。

3. 提供投后增值服务

协助采购防护物资，保障复工复产。新冠肺炎疫情突袭而至后，由于研发人员以现场办公方式为主，中咨华澍积极协助宸芯科技解决复工后防护物资不足的难题，在国内资源极度缺乏的情况下，积极联系国外厂商，几经辗转为其购得珍贵的防护物资，为保障被投企业安全复工、确保业务推进提供了支持。

对接智能电表业务。烟台东方威思顿电气有限公司为中咨华澍合作伙伴东方电子股份有限公司全资子公司，主营智能电表、智能计量自动化系统、智能配电成套设备等能源计量与管理业务，可与宸芯科技行业专网领域智能电网业务形成业务协同。基于与东方电子的合作关系，中咨华澍主导了双方的业务对接。

协助老股转让。宸芯科技原股东联芯科技出于提高公司流动性的需要，计划合计减持宸芯科技总股份的15%。中咨华澍团队在此过程中积极对接投资人资源，协助联芯科技顺利完成老股转让事宜。

三　案例结果

（一）与集团投资布局形成联动

宸芯科技是通信芯片设计领域的"国家队"，且已经在细分市场占据优势地位。通过基金的形式布局通信芯片产业，可与集团在信息技术投资布局形成联动，有助于提升集团在相关领域的产业影响力，亦可通过被投企业的业务协作提升企业价值。

（二）资管业务逐渐聚焦

宸芯科技是通信芯片设计领域的细分龙头，中咨华澍以该项目投资为契机，积累相关领域的产业资源，培养专业能力，后续还可联合地方政府、宸芯科技合作发起设立产业投资基金，投资或并购产业链相关企业，进一步扩大资管规模、树立专业品牌。宸芯科技项目后，团队与信科集团建立更加深入的合作，后续陆续推进了大唐高鸿、大唐联诚等诸多优质项目，进一步拓展和丰富了公司项目资源。

（三）退出路径逐渐清晰

宸芯科技 2019 年投后估值约 15.49 亿元，配合此次引战与员工持股计划，同步制定了科创板上市申报计划。而根据《上海证券交易所科创板企业发行上市申报及推荐暂行规定（2021 年 4 月修订）》，支持和鼓励科创板定位规定的相关行业领域中，同时符合下列 4 项指标的企业可以申报科创板发行上市：

其一，最近 3 年累计研发投入占最近 3 年累计营业收入比例 5% 以上，或者最近 3 年研发投入金额累计在 6000 万元以上；

其二，研发人员占当年员工总数的比例不低于 10%；

其三，形成主营业务收入的发明专利（含国防专利）5 项以上；

其四，最近 3 年营业收入复合增长率达到 20%，或者最近一年营业收入金额达到 3 亿元。

2020 年，宸芯科技实现营业收入 2.65 亿元，同比去年增长 52.28%，较投资可行性研究报告预测数据完成率为 101.11%，已提前一年实现扭亏为盈。同时，其研发投入与人员比例，以及发明专利数量已满足以上标准。因此，该投资项目未来退出路径逐渐清晰，有望突破可研报告预计的年化收益率，项目投资回报可观。

四 案例评述

宸芯科技是国内专网通信基带芯片设计的核心企业，国资委的双百试点，具备绝对的自主知识产权，其市场、技术、发展前景均深受市场认可。成功设立专项基金、投资宸芯科技项目，是中国投资咨询践行"咨询+资管"业务模式，实现业务协同的成果之一，具有非常重要的现实意义。

一是支持尖端产业发展。中咨华澍帮助宸芯科技对接地方政府，最终在青岛中电光谷产业园落地，通过引入电子信息行业资源，助力企业按照既定目标打造成为我国行业通信领域的主力军，在中美贸易摩擦不断升级的环境下，有效缓解中国行业专网通信的"缺芯"困局，实现国产化自主可控，从而有力支撑国家新一代信息技术产业发展。

二是提升行业知名度。中咨华澍通过本项目投资，与航天科技旗下国创基金、中国国新旗下"双百基金"等产业的投资知名机构建立了深厚的合作联系：一方面中咨华澍作为共同参与投资的国资机构，提升了在通信领域的产业知名度；另一方面与其他机构深度绑定，拟计划围绕宸芯科技上下游相关项目继续开展投资合作，加快对产业链的投资布局。

三是锻炼团队投研能力。该项目是中咨华澍设立以来，投资金额最大、调配人员最多的股权投资项目，也是从前期接洽到尽职调查、协议谈判、产品备案、投资落地等流程最为完整的项目之一。这在很大程度上锻炼了投资团队的投资可行性论证和项目操盘的综合能力，使得团队成员在项目中获得了快速成长。

四是实现国有资产保值增值。中咨华澍作为中国投资咨询实施"咨询+资管"战略的资管平台之一，肩负着投资咨询资管业务板块的发展重担。通过投资宸芯科技，预计可通过被投企业的业务协作提升企业价值，通过目标公司上市退出，获得可观的财务回报，实现国有资产保值增值。

案例二
南京市栖霞区餐厨垃圾处置厂项目投资案例

潘钰杭　段亦潇

摘 要：

2019年8月，中国投资咨询有限责任公司（以下简称"中国投资咨询"）旗下资管平台——中咨华盖投资管理（上海）有限公司（以下简称"中咨华盖"）联合上市公司苏美达股份有限公司（以下简称"苏美达"）共同设立环保主题产业基金——中咨苏美达（海宁）环保产业基金（以下简称"中咨苏美达基金"），该基金致力于投资大环保产业链子基金或直接从事大环保产业链项目投资，助力苏美达拓展环保业务，实现业务转型。基金由中咨华盖担任基金管理人和执行事务合伙人。南京市栖霞区餐厨垃圾处置厂PPP项目为该基金投资落地的第一个项目，项目总投资2.4亿元，基金投资金额1649.42万元，持有项目公司34%的股份。项目的投资落地对于实现南京市栖霞区第一个餐厨垃圾处置厂项目落地，全面推进餐厨垃圾无害化处理，落实全程、全方位资源化管理，切实改善城乡生态环境，推动江苏省环保类基础设施项目建设，具有深远意义。

一 案例背景

（一）基金设立背景

为响应国家建设长江经济带的战略决策，贯彻落实习近平总书记提出的"共抓大保护、不搞大开发"，全面推进长江流域生态文明建设，带动长江流域生态环保行业的快速发展，中国投资咨询旗下资管平台中咨华盖投资管理（上海）有限公司联合上市公司苏美达股份有限公司，于2019年8月设立环保主题产业基金中咨苏美达（海宁）环保产业基金。

中国投资咨询公司客户上市公司苏美达，成立于1978年，是中国机械工业集团有限公司（国机集团）的重要成员企业。国机集团是由中央直接管理的国有重要骨干企业，也是世界500强企业。伴随中国改革开放和全球经济一体化进程，经过40多年的发展，苏美达已成长为专注于贸易与服务、工程承包、投资与发展三大领域的现代制造服务业企业集团。公司在污水处理方面处于业内领先地位，承接超过80多个水处理工程，包括标志性项目亚洲上海白龙港污水处理厂。

2018年，苏美达营收规模已达到800亿元，其中95%以上的营收来自贸易类业务。尽管苏美达行业地位稳固，但是贸易业务壁垒较低、可替代性较强、利润空间受限、易受政治经济形势波动的影响，且在当前规模体量下，扩张边际成本提升，资本市场估值水平低，企业面临市值管理的压力。出于做大做强上市公司、提升公司市值、推进业务多样化发展的多重考虑，苏美达将环境工程定位成集团战略业务之一，倾斜资源支持其发展。为突出差异化竞争优势，针对施工类业务同质化高、竞争者多的外部市场环境，苏美达通过设立中咨苏美达基金，重点发展环保型项目，通过项目投资，锁定施工角色，以投资为纽带，广泛对接资源，提高投资决策效率，深入推动项目投资方和运营方有机结合，实现项目获取渠道拓展。

中咨华盖投资团队致力于协助苏美达实现业务转型，通过拓展苏美达旗下环保业务、发掘优质成长型环保企业、并购优质绿色产业标的，推进苏美达快速做大环境工程业务，打造新的利润增长点。

（二）项目基本信息

项目时间：2020年4月~2020年8月
项目发生地：江苏省南京市栖霞区
项目总投资：2.4亿元

二 案例事件及过程

（一）项目对接阶段

中咨华盖投资团队自中咨苏美达基金设立以来，长期恪守基金管理人的职责，坚持立足于环保领域，以长三角地区为中心全国范围内大量筛选符合上市公司工程建设要求的优质绿色产业标的，积极推进基金项目落地。在水环境治理方面，2019年9月，投资团队通过对接国内某知名央企公司，达成江苏地区水环境治理专项工程项目合作意向。在污水处理方面，2019年10月，投资团队对接全国领先的投资、建设、专业化水务环境综合服务商，意向协力打造国内领先的一体化专业污水处理工程，在满足苏美达工程业务发展的同时，解决该合作方阶段性出表及融资等问题。在生物质能方面，2020年2月，投资团队看中国家政策支持下的生物质能产业前景广阔，建议通过中咨苏美达基金投资，与某国有产业基金合作，拟剥离某上市公司的生物质处理资产，并通过改造升级，推动生物废弃物集约处理以及实现收回发电、供气供热的综合化利用，有意向开启畜禽养殖废弃物集约专业化统一管理的先河，形成牧业、环保业的行业协同效应。在餐厨垃圾处理方面，2020年4月，投资团队对接南京玖生环保科技有限公司（以下简称"南京玖生"），致力于协力打造南京市第一个PPP模式的餐厨垃圾处理项目。在土壤修复方面，2020年6月，投资团队完成某节能环保材料有限公司股权投资立项工作，该公司具备"运河清淤+污泥处理+陶粒烧纸"的处理工艺，将无用的工农业废弃物转变为重要的建筑材料陶粒，彻底实现对污染物的无害化处理和价值再利用。

在对接过程中，经投资团队与各方沟通筛选，结合多方因素综合评判，逐渐明确重点推进项目。栖霞区餐厨垃圾处置厂PPP项目位于南京市，属于长三角重点城市，有潜力成为江苏省标杆项目，为未来项目拓展起到较好的引导作用。同时，南京市政府需求迫切，将餐厨处理项目当作年度重点项目推进，沟通反馈效率高，进展流畅。加之，合作方南京玖生侧重于工程项目运营管理，与苏美达的专业施工能力相辅相成，有利于打造协同效应。

此外，优质标的所属地的经济发展、人口规模和政策支持也成为投资团队考虑的重要因素。南京市明确餐厨垃圾处理规模建设目标，在《南京市生活垃圾"十三五"无害化处理规划》中指出，计划加快推行垃圾分类回收，实施分类回收、分类运输和分类处理，不断提高生活垃圾处置处理能力和资源化利用水平，确保生活垃圾得到无害化处理和处置。项目所在的栖霞区是南京重要的石化、汽车、电子、建材工业区和企业、资金、人才、技术密集区，位于南京市主城东北部，是以医药电子、机械制造、港口运输、建材工业、风景名胜、生态农业为主要职能的现代化江滨区。全区常住人口70多万，总人口近100万人，区域内餐饮商户近3000家。参照全国人均餐厨垃圾量0.2千克/日，栖霞区每天餐饮垃圾产生量预计接近200吨。该区财政状况优良，人口规模足以承载本项目。

综合上述因素，投资团队拟重点推进南京栖霞区餐厨垃圾处置厂PPP项目。

（二）行业分析阶段

投资团队看好餐厨垃圾处理行业发展潜力，在国家政策催生下，餐厨垃圾处理行业市场空间广阔，随着城市化建设和人口的爆发式增长，集投资、运营、施工多重功能于一身的一体化运营商的稀缺性逐渐显现，与激增的现实性需求的差距进一步拉开，餐厨垃圾处理缺口巨大。

餐厨垃圾处理行业市场发展空间大，目前餐厨垃圾专项处理能力仅为14%，存在巨大的市场缺口。餐厨垃圾是家庭、餐饮业等抛弃食物的通称，具有资源多、污染高两大属性，应单独妥善处理。我国每年产生约1.2亿吨餐厨垃圾（约合32.9万吨/日），目前理论餐厨垃圾处理能力仅为产生量的14%，缺口极大。我国饮食文化丰富，食品占居民消费生活很大一部分，产生巨量餐厨垃圾。根据前瞻产业研究院研究报告，餐厨垃圾占我国生活垃圾的50%左右，结合国家统计局生活垃圾清运量数据，我国2020年产生餐厨垃圾约1.2亿吨。即便按"十三五"规划中至2020年末实现餐厨垃圾处理产能4.75万吨/日，也只涵盖餐厨垃圾产生量的14%，可提升空间巨大。

国家垃圾分类政策强力推行，为餐厨垃圾处理行业打通供应链，市场扩容在望。我国餐厨垃圾处理行业初见于"十二五"规划，已取得一定进展。2010年，为加强地沟油整治，国务院办公厅发布了《关于加强地沟油整治和餐厨废弃物管理的意见》，开启了餐厨废弃物管理的序幕。"十二五"（2011~2015年）期间，国家发改委、住房城乡建设部先后将5批共100个城市列入餐厨垃圾资源化利用和无害化管理试点工作范围。《"十二五"全国城镇生活垃圾无害化处理设施建设规划》提出，"十二五"期间要积极推动城市餐厨垃圾分类收运、分类处理，力争达到餐厨垃圾处理能力3万吨/日，配套专项工程投资109亿元。2019年6月6日，住房城乡建设部、国家发改委等9部门联合印发《住房和城乡建设部等部门关于在全国地级及以上城市全面开展生活垃圾分类工作的通知》，决定自2019年起在全国地级及以上城市全面启动生活垃圾分类工作，到2020年在46个重点城市基本建成生活垃圾分类处理系统，到2025年在全国地级及以上城市基本建成生活垃圾分类处理系统。2019年7月1日，上海首先执行垃圾分类政策，在当月即实现了焚烧垃圾含水率显著降低等成效。随着垃圾分类政策的实行，加之执法部门对非法渠道的进一步协力围堵，正规餐厨垃圾专项处理厂的收运供货将得到确保。同时，湿垃圾量的猛增，也将促进对餐厨垃圾处理设施的需求。为了贯彻党中央、国务院政策精神，实现南京市明确餐厨垃圾处理规模建设目标，有机结合中咨苏美达基金战略目标，中咨华盖作为中咨苏美达基金管理人，协助苏美达引入联合方，推动餐厨处置厂PPP项目中标，历时数月实现项目顺利落地。

（三）项目准备阶段

2020年4月，南京市栖霞区人民政府授权栖霞区城市管理局为实施机构，负责组织项目前期准备、采购，代表政府签订项目相关合同，合作期内对社会资本及项目公司进行履约监管以及合作期满项目资产移交等工作。投资团队计划通过中咨苏美达基金投资参与南京市栖霞区餐厨垃圾处置厂PPP项目，为更好地协调投资、运营、施工等多重功能，中咨苏美达基金计划组成联合体参与PPP项目竞标。

根据江苏省财政厅2019年53号文的财政精神，经反复讨论研究，由南京玖生、苏美达旗下苏美达成套工程有限公司、中咨苏美达基金设立的SPV公司南京美之源组成联合体参与投标。

其中，南京玖生成立于2009年2月，是一家专注于环保领域，从事设备研发生产、销售维修、公共设施维护、市政环保项目投资经营的民营企业，拥有餐厨垃圾收运资质。目前南京玖生已构建覆盖全市的餐厨垃圾物流运输体系，在南京市已中标三个环卫PPP项目，其中鼓楼区、玄武区环卫PPP项目已投入运营，建邺区环卫PPP项目在2020年底投入运营，三个项目合作期均长达15年。政府付费项目具有稳定的资金来源，企业信用高及抗风险能力较强，主要负责项目投标、前期规划和政府沟通工作。苏美达主要责任项目方案设计、配套设备安装以及工程建设。中咨华盖作为中咨苏美达基金管理人，负责项目整体融资方案设计和资方对接落地。

（四）项目合作阶段

2020年下半年，本项目确定采用收集、运输和处置一体化模式，并将运作模式分为三个参与方（见图1），即政府、产生源头方、综合运营方（负责餐厨垃圾收运和处理），三方协作、规范管理。

本项目位于南京市栖霞区龙潭，规划总用地约40亩。合作内容主要包括餐厨废弃物收运、处置两部分，收运处置对象主要为栖霞区范围内居民日常生活以外的食品加工、餐饮服务、集中供餐等活动中产生的餐厨废弃物和废弃油脂等。

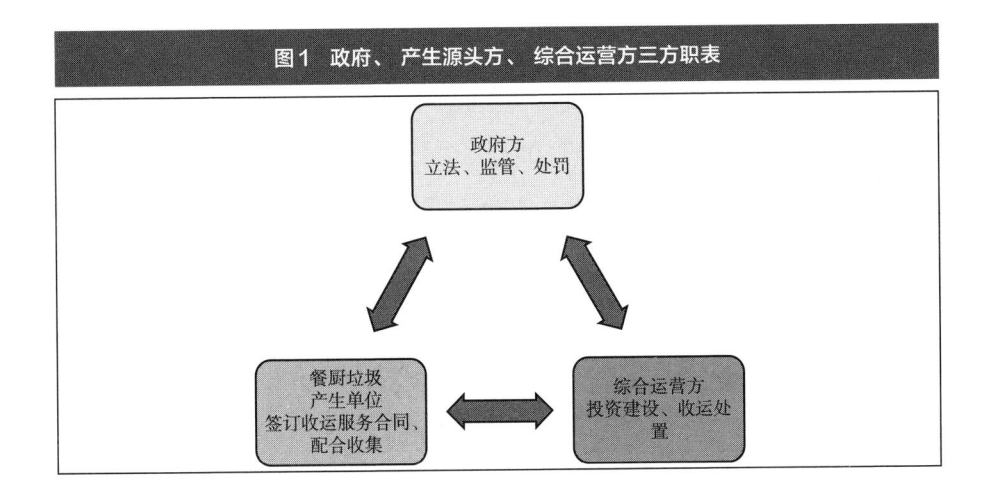

图1 政府、产生源头方、综合运营方三方职表

政府方
立法、监管、处罚

餐厨垃圾
产生单位
签订收运服务合同、
配合收集

综合运营方
投资建设、收运处置

三 案例结果

2020年8月5日，根据南京市公共资源交易中心披露的南京市栖霞区餐厨废弃物处置厂项目中标结果公告，确定南京玖生及联合体成员苏美达成套、南京美之源为中标社会资本，中标条件为：餐厨废弃物综合处置单价310元/吨。中标社会资本将与政府方出资代表组建项目公司，与栖霞区城市管理局签订PPP项目协议。南京玖生持股项目公司的60%，南京美之源持股项目公司的34%，苏美达成套持股1%，政府方代表持股5%。联合体具体分工情况，南京玖生负责项目公司餐厨垃圾清运和数字化管理平台建设，依托在南京已运营的环卫PPP项目和垃圾清运经验（在南京已签约垃圾收运对象数百家），项目公司依托其团队与区域内餐厨垃圾产生主体签订收运协议。苏美达成套负责项目EPC，对工程进度和质量负责。

本项目设总投资约2.4亿元，项目公司资本金4800万元，占总投资的20%，其中南京玖生占比60%，南京市美之源占比34%，苏美达成套占比

1%，南京博润城市环境工程有限公司作为政府方出资代表出资占比5%。项目公司计划通过银行贷款融资1.9亿元，用于工程建设、设备采购等项目公司建设和业务，占总投资的80%。

南京市栖霞区餐厨垃圾处置厂PPP项目，作为南京市第一个采用PPP模式的餐厨垃圾处理项目，计划建立餐厨垃圾处理能力200吨/日，工作天数365日/年的餐厨垃圾处置厂，对于城镇餐厨垃圾处理功能的完善，进一步深化江苏省环保类基础设施项目建设，具有重大意义。

四 案例评述

（一）立足基金投资战略，助力上市公司实现战略业务转型

中咨苏美达基金自设立以来，旨在结合中国投资咨询在政府及产业集团投融资咨询领域资源，延伸咨询服务价值链条，致力于通过发掘优质成长型环保企业、并购优质绿色产业标的，推进苏美达快速做大环境工程业务，打造新的利润增长点。工程承包是苏美达三大战略业务之一，定位为公司发展的"充电器"，上市公司苏美达大力支持环境工程业务发展，其核心需求是与环保项目运营企业的深度合作，为公司积累资本运作、工厂建设的经验和资源。投资团队通过长期的项目考察和筛选，锁定了餐厨垃圾处置厂PPP项目：一是当前苏美达工程板块的主营污水处理领域市场已相对成熟，在上市公司重视的长三角地区已经基本建设完毕，业务机会较少，后期机会主要集中在工程设备升级方面；二是长三角地区垃圾政策实行力度较大，由于城市化水平高、人口密集度高，每年的餐厨垃圾产生量较大，餐厨垃圾处理能力存在极大缺口；三是在极大程度上贴合政府需

求，根据国家规划，到 2025 年在全国地级及以上城市基本建成生活垃圾分类处理系统，例如栖霞区餐厨垃圾项目是南京市重点工程，是南京市全市规划的 6 座餐厨废弃物处理厂（2 座市级厂、4 座区级厂）的重要组成。

通过此次基金的参与，在基金管理人的协助下，苏美达获得了包括基金投资和工程承包的综合性收益，短期和长期收益的均衡配置也会带来更加稳健的现金流，同时参与标杆性餐厨垃圾处置项目的建设，为在该新兴领域的业务拓展打下良好的基础。高效拓展了苏美达旗下环保业务，有效推进大环境工程业务的拓展。

（二）以基金为纽带，联合社会资本助力 PPP 项目投资落地

为提高此次投标的中标概率，中咨苏美达通过 SPV 公司南京美之源，与南京当地餐厨垃圾收运公司南京玖生，组成联合体投标南京栖霞区餐厨垃圾处理 PPP 项目。通过联合体明确分工，增强协同效应，完善联合体集施工、运营于一体的多重职能。其中，南京玖生依托在南京已运营的环卫 PPP 项目和垃圾清运经验，负责项目公司餐厨垃圾清运和数字化管理平台建设；苏美达成套具有多年承接环保项目工程的经验，负责土建、设备供货、安装、调试工作，对工程进度和质量负责；中咨华盖作为基金管理人，负责项目整体融资方案设计和资方对接落地。

（三）高度重视风险控制，全程参与项目方案设计

商业运作模式的合理性与有效性是 PPP 项目成功的关键，合理的商业运作模式能够同时最大化发挥政府与企业的各自职能，实现共同的预期目标。此次 PPP 项目采用收集、运输和处置一体化的模式，餐厨垃圾的收集、运输和处置由一家单位完成，优势显著：一是责任明晰，有利于政府

监管。收集、运输和处置一体化模式有利于减少政府的监管对象，有利于提高政府的监管效率。二是有利于餐厨垃圾收运和处理阶段的衔接和配合，控制企业风险。一体化模式既能够提高餐厨垃圾收运单位的积极性，终端处置企业又可根据处置的需求对源头产生单位进行直接沟通协调，提高收运餐厨垃圾的质量，便于后续的资源化处置。三是提高全流程运营效率，通过收运和处理环节的有效结合，可避免收运车辆运输调配不合理，造成处置环节进料量的不均衡性。

图书在版编目(CIP)数据

融智融资:中国投资咨询案例.第三辑/中国投资咨询有限责任公司主编.--北京:社会科学文献出版社,2022.3
(中国建投研究丛书.案例系列)
ISBN 978-7-5201-9820-2

Ⅰ.①融… Ⅱ.①中… Ⅲ.①投资-咨询服务-案例-中国 Ⅳ.①F832.48

中国版本图书馆CIP数据核字(2022)第035317号

中国建投研究丛书·案例系列
融智融资
——中国投资咨询案例(第三辑)

主　　编 /	中国投资咨询有限责任公司
出 版 人 /	王利民
组稿编辑 /	恽　薇
责任编辑 /	孔庆梅
文稿编辑 /	周浩杰
责任印制 /	王京美
出　　版 /	社会科学文献出版社·经济与管理分社(010)59367226 地址:北京市北三环中路甲29号院华龙大厦　邮编:100029 网址:www.ssap.com.cn
发　　行 /	社会科学文献出版社(010)59367028
印　　装 /	三河市龙林印务有限公司
规　　格 /	开　本:787mm×1092mm　1/16 印　张:15　字　数:198千字
版　　次 /	2022年3月第1版　2022年3月第1次印刷
书　　号 /	ISBN 978-7-5201-9820-2
定　　价 /	98.00元

读者服务电话:4008918866

版权所有 翻印必究